RECEPTBOK MED TROPISKA FIJISMAKER

Omfamna den unika fusionen av smaker
som definierar fijiansk matlagning

Caroline Sundberg

upphovsrätt Material ©2023

Allt Rättigheter Reserverad.

Nej del av detta bok Maj vara Begagnade eller överförs i några form eller förbi några betyder utan de rätt skriven samtycke av de utgivare och upphovsrätt ägare, bortsett från för kort citat Begagnade i a recension. Detta bok skall inte vara anses vara a ersättning för medicinsk, Rättslig, eller Övrig professionell råd.

INNEHÅLLSFÖRTECKNING

INNEHÅLLSFÖRTECKNING..3
INTRODUKTION..7
FRUKOST..8
1. Fijianska kokosbullar...9
2. Fijianskt kokosbröd..12
3. Fijiansk honungstårta..14
4. Fijian Pudding tårta...17
5. Lovo..20
6. Parāoa Parai (glutenfritt stekbröd)....................22
7. Fijianska bananpannkakor..................................24
8. Fransk rostat bröd i fijiansk stil.........................26
9. Kikärtsmjöl Crêpes..28
10. Crepes of Wheat Crêpes....................................31
aptitretare..34
11. Fijian Coconut Ceviche.....................................35
12. Fijian Taro och kokosnötsdumplings..............38
13. Fijianska kassavachips......................................40
14. Fijian Chicken Samosas....................................42
15. Fijian Fish Curry Puffs......................................44
16. Fijianska kokosräkor...46
17. Fijianska kryddade rostade nötter...................48
HUVUDRÄTT..50
18. Fiji stekt ris...51
19. Fijian Chicken Chop Suey................................53
20. Fijiansk grillad Mahi Mahi...............................56
21. Grillad Kyckling I Underjordisk Ugn.............59
22. Fijiansk bläckfisk stuvad i kokosgrädde.........61
23. Fijiansk kokosfisk med spenat och ris............64
KARRIER OCH SOPPA...67
24. Fijiansk kyckling, tomat och potatiscurry......68
25. Fijian Crabs Curry...71
26. Fijianska curryräkor..74

27. Cassava Coconut Curry 77
28. Fijian Duck Curry 80
29. Fijiansk fiskcurry 83
30. Fijian getcurry 86
31. Fijian Taro och spenatsoppa 89
32. Fijiansk lammgryta 91
33. Fijian Squash Kale Curry 94
34. Fijiansk spenat linscurry _ 96
35. Fijian Lins Chipotle Curry 98
36. Fijian Bean Senap Curry 100
37. Fijian White Bean & Rice Curry 102
38. Fijian Red Quinoa med potatis 104
39. Fijian Curried röda linser 107
40. Fijian Black-eyed Peas curry 110
41. Fijiansk kikärtscurry 112
42. Fijian Coconut Blandade linser 115
43. Fijian Tomat & Betor soppa curry 118
44. Fijiansk pumpa & kokossoppa 120
45. Fijiansk gurkmeja Blomkålssoppa 122
46. Fijiansk kryddig lammgryta 125
47. Fijiansk röd linssoppa 128
48. Fijian Butter Chicken Curry 131
49. Fijian Kycklingfärs chili 134
50. Fijian kyckling & spenat curry 137
51. Fijian Curry kokosräkor 140
52. Fijian L amb vindaloo Fusion 143
53. Fijian Coconut Beef Curry 146
SIDOR OCH SALADER 148
54. Roti (fijianskt tunnbröd) 149
55. Fijiansk ångad kokosnöt och maniok 151
56. Fijianska kokta taroblad och kokosgrädde 153
57. Fijian Seagrape 155
58. Fijiansk rostad aubergine med örter 157
59. Fijiansk råfisksallad (Kokoda) 159
60. Fijiansk kokosroti _ 162

61. Fijiansk grön papayasallad..165
62. Fijiansk ananas- och gurksallad..167
63. Fijian Creamed Taro (Taro in Coconut Cream).........169
KRYDDER..171
64. Fijiansk kryddig tamarindchutney....................................172
65. Ingefära-vitlökspasta..174
66. Fijiansk varmpepparsås (Buka, Buka)...........................176
67. Fijian Tamarind Dip...178
68. Fijian Coconut Sambal..180
69. Fijiansk Taro-bladsås (Rourou Vakasoso)....................182
70. Fijiansk inlagd mango (Toroi)...184
71. Fijiansk Chili Mango Chutney...186
72. Fijiansk koriander och limechutney................................188
73. Fijiansk ananassalsa...190
EFTERRÄTT...192
74. Fijiansk banankaka...193
75. Fijian Cassava Cake...196
76. fijianska Raita..198
77. Fijianska groblad kokta i kokos.......................................200
78. Fijiansk ananaspaj..202
79. Fiji-stil vaniljsåspaj med pålägg.......................................204
80. Fijiansk Banan Tapioca Pudding.....................................207
81. Fijiansk ananas och kokos trifle......................................209
82. Fijiansk kokosnötstårta (Tavola).....................................211
83. Fijiansk banan- och kokospudding.................................213
84. Fijian Taro och Coconut Balls (Kokoda Maravu).......215
85. Fijiansk ananas och bananbröd.......................................217
DRYCK..219
86. Fijian Kava Root Drink..220
87. Fijiansk bananasmoothie...222
88. Fijian Pineapple Punch..224
89. Fijiansk kokos- och romcocktail......................................226
90. Fijian Ginger Beer..228
91. Fijian Papaya Lassi...230
92. Fijian Rom Punch...232

93. Fijiansk ananas och kokossmoothie..................234
94. Fijiansk Mango Lassi..236
95. Fijiansk kokosmojito...238
96. Fijiansk ingefära och citrongräste...................240
97. Fijian Tamarind Cooler....................................242
98. Fijiansk Kava Colada.......................................244
99. Fijian Watermelon and Mint Cooler...............246
100. Fijian Passion Cocktail...................................248
SLUTSATS..250

INTRODUKTION

Välkommen till "RECEPTBOK MED TROPISKA FIJISMAKER." Fiji, en juvel i hjärtat av södra Stilla havet, har inte bara fantastisk naturlig skönhet utan också en rik och mångsidig kulinarisk tradition som speglar öarnas livliga kultur och historia.

På de följande sidorna inbjuder vi dig att ge dig ut på ett gastronomiskt äventyr och utforska den unika blandningen av smaker som definierar fijiansk matlagning. Från stranden av Viti Levu till de avlägsna byarna Vanua Levu, är det fijianska köket en återspegling av landets kulturella mångfald, med färska skaldjur, tropiska frukter, aromatiska kryddor och traditionella tillagningsmetoder som lovo, jordugnen.

Den här kokboken är din nyckel till att avslöja hemligheterna med det fijianska köket, oavsett om du är en erfaren kock eller en entusiastisk husmanskock. Tillsammans kommer vi att fördjupa oss i hjärtat av fijianska kulinariska traditioner, upptäcka uppskattade familjerecept och anpassa dem till ditt eget kök. Så, ta tag i dina ingredienser, omfamna de tropiska vibbarna och låt oss börja denna smakrika resa genom Fijis smaker.

FRUKOST

1. Fijianska kokosbullar

INGREDIENSER:

- 3 koppar universalmjöl
- 1/4 kopp strösocker
- 1 paket (7g) snabb torrjäst
- 1/2 tsk salt
- 1/2 kopp varmt vatten
- 1/2 kopp kokosmjölk
- 1/4 kopp vegetabilisk olja
- 1 tsk vaniljextrakt
- Torkad kokos (valfritt, för topping)

INSTRUKTIONER:

a) I en stor skål, blanda all-purpose mjöl, strösocker, snabb torrjäst och salt.

b) I en separat skål, kombinera det varma vattnet, kokosmjölken, vegetabilisk olja och vaniljextrakt.

c) Tillsätt gradvis de våta ingredienserna till de torra ingredienserna, knåda degen tills den är slät och elastisk. Du kan använda en stående mixer med degkrokfäste eller knåda för hand på mjölat underlag.

d) Lägg degen i en smord skål, täck den med en fuktig trasa och låt den jäsa på en varm plats i ca 1 timme eller tills den har dubbelt så stor storlek.

e) Värm ugnen till 350°F (175°C).

f) Stansa ner den jästa degen och dela den i små bollar.

g) Lägg bollarna på en plåt klädd med bakplåtspapper.

h) Valfritt: Pensla topparna på bullarna med lite kokosmjölk och strö uttorkad kokos ovanpå.

i) Grädda i förvärmd ugn i ca 15-20 minuter eller tills bullarna är gyllenbruna.

j) Ta ut ur ugnen och låt de fijianska kokosbullarna svalna något innan servering.

2. Fijianskt kokosbröd

INGREDIENSER:
- 3 koppar universalmjöl
- 2 tsk bakpulver
- 1/2 tsk salt
- 1/2 kopp strösocker
- 1 kopp torkad kokosnöt (osötad)
- 1 1/4 dl kokosmjölk
- 1/4 kopp vegetabilisk olja
- 1 tsk vaniljextrakt

INSTRUKTIONER:
a) Värm ugnen till 350°F (175°C). Smörj en brödform.
b) I en stor skål, vispa ihop all-purpose mjöl, bakpulver, salt, strösocker och torkad kokos.
c) Blanda kokosmjölken, vegetabilisk olja och vaniljextrakt i en separat skål.
d) Tillsätt gradvis de våta ingredienserna till de torra ingredienserna, rör om tills de precis blandas. Var noga med att inte övermixa.
e) Häll smeten i den smorda brödformen.
f) Grädda i den förvärmda ugnen i ca 45-50 minuter eller tills en tandpetare som sticks in i mitten kommer ut ren.
g) Låt kokosbrödet svalna i formen i 10 minuter innan du överför det till ett galler för att svalna helt.
h) Skiva och njut av det fijianska kokosbrödet med smör eller dina favoritpålägg.

3. Fijiansk honungstårta

INGREDIENSER:
- 2 koppar universalmjöl
- 1 tsk bakpulver
- 1/2 tsk bakpulver
- 1/4 tsk salt
- 1 tsk mald kanel
- 1/2 tsk mald muskotnöt
- 1/2 kopp osaltat smör, mjukat
- 1/2 kopp strösocker
- 1/2 kopp honung
- 2 stora ägg
- 1 dl vanlig yoghurt
- 1 tsk vaniljextrakt
- Honungsglasyr (valfritt, för duggregn)

INSTRUKTIONER:
a) Värm ugnen till 350°F (175°C). Smörj och mjöla en 9x13-tums bakform.
b) I en medelstor skål, vispa ihop allsidigt mjöl, bakpulver, bakpulver, salt, mald kanel och mald muskotnöt.
c) I en separat stor skål, grädde det mjuka smöret och strösockret tills det är ljust och fluffigt.
d) Vispa i honung och ägg, ett i taget, tills det är väl blandat.
e) Tillsätt vanlig yoghurt och vaniljextrakt till de våta ingredienserna och blanda tills det är slätt.
f) Tillsätt gradvis den torra mjölblandningen till de våta ingredienserna, rör om tills den precis blandas. Var noga med att inte övermixa.
g) Häll smeten i den förberedda ugnsformen och fördela den jämnt.

h) Grädda i den förvärmda ugnen i cirka 25-30 minuter eller tills en tandpetare som sticks in i mitten kommer ut ren.

i) Valfritt: Ringla honungsglasyr över den varma kakan för extra sötma och glans.

j) Låt den fijianska honungskakan svalna innan den skivas och serveras.

4. Fijian Pudding tårta

INGREDIENSER:
- 1 kopp universalmjöl
- 1/2 kopp strösocker
- 2 tsk bakpulver
- 1/4 tsk salt
- 1/2 kopp mjölk
- 2 msk osaltat smör, smält
- 1 tsk vaniljextrakt
- 1/2 kopp farinsocker
- 1/2 kopp hackade nötter (som valnötter eller pekannötter)
- 1 dl kokande vatten
- Vispad grädde eller glass, till servering (valfritt)

INSTRUKTIONER:
a) Värm ugnen till 350°F (175°C). Smörj en 9x9-tums ugnsform.
b) Blanda allsidigt mjöl, strösocker, bakpulver och salt i en medelstor skål.
c) Rör ner mjölk, smält smör och vaniljextrakt tills du har en slät smet.
d) Fördela smeten jämnt i den förberedda ugnsformen.
e) Blanda farinsocker och hackade nötter i en separat skål.
f) Strö farinsocker- och nötblandningen över smeten i ugnsformen.
g) Häll försiktigt det kokande vattnet jämnt över toppen av blandningen i ugnsformen. Rör inte om.
h) Grädda i den förvärmda ugnen i ca 30-35 minuter eller tills kakan är gyllenbrun och en tandpetare som sticks in i kakdelen kommer ut ren.

i) Låt den fijianska puddingkakan svalna något innan servering.

j) Servera varm med vispgrädde eller glass, om så önskas, för en härlig efterrätt.

5. Lovo

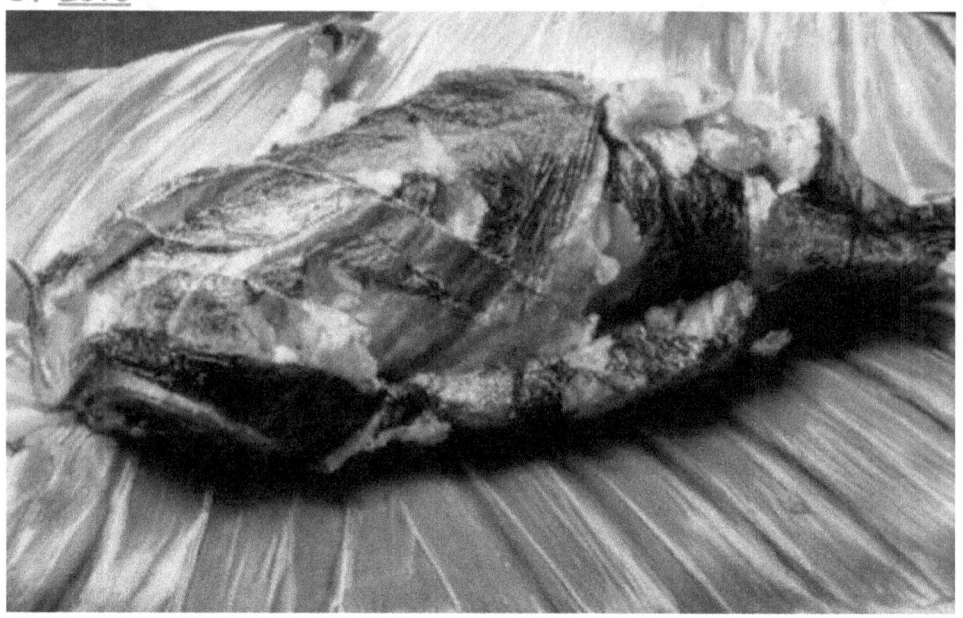

INGREDIENSER:
- Maniok
- Taro rot
- Sötpotatis
- Majskolvar
- Kokosmjölk

INSTRUKTIONER:
a) Varva kassava, tarorot, sötpotatis och majs i bananblad.
b) Placera de inslagna grönsakerna i en underjordisk ugn (lovo) eller en vanlig ugn vid 350°F (180°C).
c) Grädda i 1-2 timmar tills grönsakerna är mjuka.
d) Servera med färskpressad kokosmjölk.

6. Parāoa Parai (glutenfritt stekbröd)

INGREDIENSER:
- 250 g nyttig brödmix
- 8 g aktiv torkad jäst
- 15 g socker eller honung
- ½ tsk salt
- 300ml vatten - något varmt

INSTRUKTIONER:
a) Blanda alla dina ingredienser tills en deg bildas.
b) Knåda försiktigt ihop till en boll, låt stå i skålen och täck med en kökshandduk. Låt jäsa tills dubbel storlek, ca. 1 timme, den här spelar ingen roll om den får stå lite längre då man vill ha den lätt och luftig.
c) Ta ut den jästa degen från bunken på en lätt mjölad bänk. Kavla försiktigt ut degen till en tjocklek på 15 mm och skär i 6 cm x 6 cm rutor.
d) Hetta upp en medelstor gryta med olja till 165°C. Gör oljan tillräckligt djup så att degen inte kommer i kontakt med botten och kan flyta under tillagningen.
e) TIPS: För att kontrollera att temperaturen är tillräckligt varm, placera änden av en träslev i oljan. Om det bubblar är oljan klar. Oljan är för varm om degen blir gyllenbrun för snabbt och insidan fortfarande är degig/okokt.
f) Lägg försiktigt degen i den heta oljan i omgångar och koka tills den är gyllenbrun, ca. 30 sekunder per sida. När den är tillagad, ta bort den från oljan och överför den till en pappershandduksklädd form. Låt vila i 5 minuter innan servering.

7. Fijianska bananpannkakor

INGREDIENSER:
- 2 mogna bananer, mosade
- 1 kopp universalmjöl
- 1 tsk bakpulver
- 1/2 kopp mjölk
- 1 ägg
- 2 msk socker
- Smör eller olja för matlagning

INSTRUKTIONER:
a) I en skål, kombinera mosade bananer, mjöl, bakpulver, mjölk, ägg och socker. Mixa tills du har en slät smet.
b) Hetta upp en stekpanna eller stekpanna på medelvärme och tillsätt lite smör eller olja.
c) Häll små delar av smeten i pannan för att göra pannkakor.
d) Koka tills det bildas bubblor på ytan, vänd sedan och stek den andra sidan tills den är gyllenbrun.
e) Servera dina fijianska bananpannkakor med honung eller sirap.

8. Fransk rostat bröd i fijiansk stil

INGREDIENSER:
- 4 skivor bröd
- 2 ägg
- 1/2 kopp kokosmjölk
- 2 msk socker
- 1/4 tsk kanel
- Smör till stekning

INSTRUKTIONER:

a) Vispa ihop ägg, kokosmjölk, socker och kanel i en grund skål.

b) Hetta upp en stekpanna eller stekpanna på medelvärme och tillsätt lite smör.

c) Doppa varje brödskiva i äggblandningen, täck båda sidorna.

d) Lägg det belagda brödet i pannan och stek tills de är gyllenbruna på varje sida.

e) Servera din franska toast i fijiansk stil med honung eller sirap.

9. Kikärtsmjöl Crêpes

INGREDIENSER:
- 2 koppar (184 g) gram (kikärter) mjöl (besan)
- 1½ koppar (356 g) vatten
- 1 liten lök, skalad och finhackad (cirka ½ kopp [75 g])
- 1 bit ingefära, skalad och riven eller finhackad
- 1-3 gröna thai-, serrano- eller cayennechiles, hackade
- ¼ kopp (7 g) torkade bockhornsklöverblad (kasoori methi)
- ½ kopp (8 g) färsk koriander, hackad
- 1 tsk grovt havssalt
- ½ tsk mald koriander
- ½ tsk gurkmejapulver
- 1 tsk rött chilepulver eller cayenneolja, för stekning i pannan

INSTRUKTIONER:
a) I en djup skål, blanda mjöl och vatten tills det är slätt. Jag gillar att börja med en visp och sedan använda baksidan av en sked för att bryta ner de små mjölklumparna som normalt bildas.
b) Låt blandningen sitta i minst 20 minuter.
c) Tillsätt resten av ingredienserna, förutom oljan, och blanda väl.
d) Hetta upp en stekpanna på medelhög värme.
e) Tillsätt ½ tesked olja och fördela den över grillen med baksidan av en sked eller en pappershandduk. Du kan också använda en matlagningsspray för att täcka pannan jämnt.
f) Häll ¼ kopp (59 ml) av smeten i mitten av pannan med en slev. Med baksidan av sleven, sprid smeten i en cirkulär, medurs rörelse från mitten mot utsidan av pannan för att

skapa en tunn, rund pannkaka ca 5 tum (12,5 cm) i diameter.

g) Koka arman tills den är lätt brun på ena sidan, cirka 2 minuter, och vänd den sedan för att tillaga på den andra sidan. Tryck ner med spateln så att även mitten är genomstekt.

h) Koka resterande smet, tillsätt olja efter behov för att förhindra att den fastnar.

i) Servera med en sida av min Mint eller Peach Chutney.

10. Crepes of Wheat Crêpes

INGREDIENSER:
- 3 koppar (534 g) grädde av vete (sooji)
- 2 koppar (474 ml) osötad vanlig sojayoghurt
- 3 koppar (711 ml) vatten
- 1 tsk grovt havssalt
- ½ tesked mald svartpeppar
- ½ tesked rött chilepulver eller cayennepepp
- ½ gul eller röd lök, skalad och fint tärnad
- 1-2 gröna thailändska, serrano- eller cayennechiles, hackade
- Olja, för stekning, ställ åt sidan i en liten skål
- ½ stor lök, skalad och halverad (för förberedelsepanna)

INSTRUKTIONER:
a) I en djup skål, blanda ihop grädden av vete, yoghurt, vatten, salt, svartpeppar och rött chilipulver och ställ det åt sidan i 30 minuter för att jäsa något.
b) Tillsätt den hackade löken och chilin. Blanda försiktigt.
c) Hetta upp en stekpanna på medelhög värme. Häll 1 tsk olja i pannan.
d) När pannan är varm sticker du en gaffel i den oskärna, rundade delen av löken. Håll i gaffelhandtaget och gnugga den avskurna hälften av löken fram och tillbaka över pannan. Kombinationen av värmen, lökjuicen och oljan hjälper till att förhindra att din dosa fastnar. Håll löken med den insatta gaffeln till hands att använda igen mellan doserna. När det blir svart från pannan är det bara att skära av framsidan tunt.
e) Håll en liten skål med olja på sidan med en sked - du kommer att använda den senare.

f) Nu äntligen till matlagningen! Häll lite mer än $\frac{1}{4}$ kopp (59 ml) smet i mitten av din varma, förberedda panna. Med baksidan av din slev gör du långsamt medurs rörelser från mitten till den yttre kanten av pannan tills smeten blir tunn och crêpe-liknande. Om blandningen omedelbart börjar bubbla, sänk bara värmen något.

g) Häll med en liten sked en tunn stråle olja i en cirkel runt smeten.

h) Låt dosan koka tills den fått lite färg och drar sig bort från pannan. Vänd och stek den andra sidan.

aptitretare

11. Fijian Coconut Ceviche

INGREDIENSER:
- 1 lb kokta räkor eller fisk, skalade och rensade
- 1 gurka, tärnad
- 1 tomat, tärnad
- 1 paprika (valfri färg), tärnad
- 1/4 kopp finhackad rödlök
- 1/4 kopp hackad färsk koriander
- Saft av 2-3 limefrukter
- 1/2 kopp kokosmjölk
- Salta och peppra efter smak
- Finhackad chilipeppar (valfritt, för extra värme)
- Rostade kokosflingor (valfritt, för garnering)
- Kex eller tortillachips, till servering

INSTRUKTIONER:
a) I en stor skål, kombinera de kokta räkorna eller fisken, tärnad gurka, tomat, paprika, rödlök och hackad koriander.
b) Blanda limejuice, kokosmjölk, salt och peppar i en separat liten skål. Anpassa kryddningen efter din smak.
c) Häll kokosmjölken och limedressingen över räk- eller fiskblandningen i den stora skålen.
d) 4. Rör ihop allt tills ingredienserna är väl belagda med dressingen.
e) Om du föredrar lite värme kan du lägga till finhackad chilipeppar i cevichen och blanda i den.
f) Täck skålen med plastfolie och låt stå i kylen i minst 30 minuter så att smakerna smälter samman.
g) Innan servering, ge den fijianska kokosnötscevichen en sista omrörning och smaka av med smaksättning. Justera med mer salt, peppar eller limejuice om det behövs.

h) Om så önskas, strö rostade kokosflingor ovanpå cevichen för extra textur och en touch av extra kokossmak.

i) Servera Fijian Coconut Ceviche kyld med kex eller tortillachips för en uppfriskande och härlig aptitretare eller lätt måltid.

12. Fijian Taro och kokosnötsdumplings

INGREDIENSER:
- 2 dl taro, skalad och riven
- 1 dl riven kokos
- 1/2 kopp socker
- En nypa salt

INSTRUKTIONER:
a) Blanda riven taro och kokos i en bunke.
b) Tillsätt socker och en nypa salt och blanda sedan väl.
c) Forma små dumplings av blandningen och ånga dem i ca 20-30 minuter eller tills de blivit fasta.
d) Servera dessa söta och stärkelsehaltiga dumplings som en fijiansk frukostgodis.

13. Fijianska kassavachips

INGREDIENSER:
- 2 stora kassavarötter
- Vegetabilisk olja för stekning
- Salta och peppra efter smak

INSTRUKTIONER:
a) Skala kassavarötterna och skiva dem i tunna rundor eller strimlor.
b) Hetta upp vegetabilisk olja i en djup stekpanna eller kastrull.
c) Stek kassavaskivorna tills de blir gyllenbruna och krispiga.
d) Ta bort från oljan och låt rinna av på hushållspapper.
e) Krydda med salt och peppar efter smak.
f) Servera kassavachipsen som en knaprig fijiansk aptitretare.

14. Fijian Chicken Samosas

INGREDIENSER:
- 1 kopp kokt kyckling, strimlad
- 1/2 kopp tärnad potatis, kokt
- 1/2 kopp ärtor
- 1/4 kopp tärnade morötter, kokta
- 1/4 kopp finhackad lök
- 2 vitlöksklyftor, hackade
- 1 tsk currypulver
- Salta och peppra efter smak
- Samosa-omslag (finns i butiker)
- Vegetabilisk olja för stekning

INSTRUKTIONER:
a) Fräs lök och vitlök i en panna tills det doftar.
b) Tillsätt kyckling, potatis, ärtor, morötter och currypulver. Koka i några minuter.
c) Krydda med salt och peppar.
d) Fyll samosaomslag med blandningen, vik dem till triangulära former och försegla kanterna med lite vatten.
e) Hetta upp vegetabilisk olja i en djup stekpanna och stek samosorna tills de blir gyllenbruna och krispiga.
f) Servera dessa läckra fijianska kycklingsamosas med chutney.

15. Fijian Fish Curry Puffs

INGREDIENSER:
- 1 dl tillagad fisk, flingad
- 1/2 kopp tärnad potatis, kokt
- 1/4 kopp ärtor
- 1/4 kopp tärnade morötter, kokta
- 1/4 kopp tärnad lök
- 1 vitlöksklyfta, finhackad
- 1 tsk currypulver
- Salta och peppra efter smak
- Smördegsark (finns i butik)

INSTRUKTIONER:
a) Fräs lök och vitlök i en panna tills det doftar.
b) Tillsätt fisk, potatis, ärtor, morötter och curry. Koka i några minuter.
c) Krydda med salt och peppar.
d) Fyll smördegsark med blandningen, vik dem till trekantiga former och försegla kanterna.
e) Grädda enligt smördegsförpackningens anvisningar tills de är gyllene och puffade.
f) Servera dessa smakrika fijianska fiskcurrypuffar som aptitretare.

16. Fijianska kokosräkor

INGREDIENSER:

- 1/2 lb stora räkor, skalade och deveirade
- 1 dl riven kokos
- 1/2 kopp universalmjöl
- 1 ägg, uppvispat
- Salta och peppra efter smak
- Vegetabilisk olja för stekning

INSTRUKTIONER:

a) Blanda den rivna kokosen i en skål med en nypa salt och peppar.
b) Doppa varje räka i det uppvispade ägget och täck den sedan med riven kokos.
c) Hetta upp vegetabilisk olja i en panna och stek de belagda räkorna tills de blir gyllene och krispiga.
d) Servera dessa läckra fijianska kokosräkor med en valfri dippsås.

17. Fijianska kryddade rostade nötter

INGREDIENSER:
- 2 dl blandade nötter (mandel, cashewnötter, jordnötter, etc.)
- 1 msk olivolja
- 1 tsk currypulver
- 1/2 tsk malen spiskummin
- 1/2 tsk paprika
- Salt att smaka

INSTRUKTIONER:
a) Värm ugnen till 350°F (180°C).
b) I en skål, släng de blandade nötterna med olivolja, currypulver, spiskummin, paprika och en nypa salt.
c) Bred ut de kryddade nötterna på en plåt och rosta i 10-15 minuter, eller tills de blir doftande och lätt rostade.
d) Låt dem svalna innan de serveras som en kryddad fijiansk nötmix.

HUVUDRÄTT

18. Fiji stekt ris

INGREDIENSER:
- 2 koppar kokt ris, kylt
- 2 ägg, vispade
- 1/2 kopp tärnad skinka eller kokt kyckling
- 1/2 kopp tärnad ananas
- 1/2 kopp blandade tärnade grönsaker (paprika, ärtor, morötter, etc.)
- Sojasås efter smak
- Salta och peppra efter smak
- Matlagningsolja

INSTRUKTIONER:
a) Hetta upp lite olja i en stor stekpanna eller wok på medelhög värme.

b) Tillsätt uppvispade ägg och rör ihop dem. Ta bort från stekpannan och ställ åt sidan.

c) I samma stekpanna, tillsätt lite mer olja om det behövs och fräs den tärnade skinkan eller kycklingen och de blandade grönsakerna tills de är mjuka.

d) Tillsätt det kokta riset, äggröran, tärnad ananas och en klick sojasås. Stek tills allt är genomvärmt och väl blandat.

e) Krydda med salt och peppar efter smak.

f) Servera din fijianska frukost stekt ris varm.

19. Fijian Chicken Chop Suey

INGREDIENSER:
- 1 lb benfria, skinnfria kycklingbröst eller lår, tunt skivade
- 2 matskedar vegetabilisk olja
- 1 lök, skivad
- 2 vitlöksklyftor, hackade
- 1-tums bit färsk ingefära, riven
- 1 kopp skivad kål
- 1 kopp skivade morötter
- 1 kopp skivad paprika (röd, grön eller gul)
- 1 dl skivade broccolibuketter
- 1/4 kopp sojasås
- 2 msk ostronsås
- 1 msk majsstärkelse, löst i 2 msk vatten
- Kokt vitt ris, till servering

INSTRUKTIONER:
a) Värm vegetabilisk olja på medelhög värme i en stor stekpanna eller wok.
b) Tillsätt den skivade kycklingen och fräs tills den är genomstekt och lätt brynt. Ta ut kycklingen från stekpannan och ställ den åt sidan.
c) I samma stekpanna, tillsätt lite mer olja om det behövs och fräs den skivade löken, hackad vitlök och riven ingefära tills den doftar och löken är genomskinlig.
d) Tillsätt den skivade kålen, morötterna, paprikan och broccolin i stekpannan. Fräs grönsakerna i några minuter tills de är möra-knasiga.
e) Lägg tillbaka den kokta kycklingen i stekpannan och blanda den med grönsakerna.

f) Blanda soja och ostron i en liten skål. Häll såsen över kycklingen och grönsakerna och blanda ihop allt tills det är väl täckt.

g) Rör ner majsstärkelseblandningen för att tjockna såsen något.

h) Servera Fijian Chicken Chop Suey över kokt vitt ris för en välsmakande och mättande måltid.

20. Fijiansk grillad Mahi Mahi

INGREDIENSER:
- 4 Mahi Mahi filéer (eller någon fast vit fisk)
- 1/4 kopp kokosmjölk
- 2 msk limejuice
- 2 vitlöksklyftor, hackade
- 1 tsk riven färsk ingefära
- 1 tsk malen spiskummin
- 1 tsk mald koriander
- 1/2 tsk gurkmejapulver
- Salta och peppra efter smak
- Hackad färsk koriander, till garnering
- Limeklyftor, till servering

INSTRUKTIONER:
a) I en grund skål, kombinera kokosmjölk, limejuice, hackad vitlök, riven ingefära, mald spiskummin, mald koriander, gurkmejapulver, salt och peppar för att skapa marinaden.

b) Lägg Mahi Mahi-filéerna i marinaden, se till att täcka dem ordentligt. Täck skålen och låt stå i kylen i minst 30 minuter så att smakerna får ingjuta fisken.

c) Förvärm din grill till medelhög värme.

d) Ta bort Mahi Mahi-filéerna från marinaden och grilla dem ca 3-4 minuter på varje sida eller tills de är genomstekta och fått fina grillmärken.

e) Medan du grillar kan du pensla lite av den överblivna marinaden på fisken för att hålla den fuktig och ge extra smak.

f) När fisken är tillagad, överför den till ett serveringsfat och garnera med hackad färsk koriander.

g) Servera Fijian Grilled Mahi Mahi med limeklyftor på sidan för att pressa över fisken.

21. Grillad Kyckling I Underjordisk Ugn

INGREDIENSER:

- 1 hel kyckling, rengjord och skuren i bitar
- 1 lb lammkotletter eller bitar av lammkött
- 1 lb fläsk revben eller fläskbitar
- 1 lb fiskfiléer (valfri fast vit fisk)
- 1 lb taro, skalad och skuren i bitar
- 1 lb sötpotatis, skalad och skuren i bitar
- 1 lb kassava, skalad och skuren i bitar
- 1 lb kobananer, skalade och skurna i bitar
- Bananblad eller aluminiumfolie, för inslagning
- Salta och peppra efter smak
- Citron- eller limeklyftor, till servering

INSTRUKTIONER:

a) Förvärm din grill till medelhög värme.

b) Krydda kyckling, lamm och fläsk med salt och peppar efter smak.

c) Blanda taro, sötpotatis, kassava och mjölbananer i en stor skål.

d) Skapa individuella paket med bananbladen eller aluminiumfolien genom att placera en del av varje kött och grönsak i mitten och vika ihop bladen eller folien för att omsluta innehållet säkert.

e) Lägg paketen på grillen och tillaga dem i cirka 1 till 1,5 timme eller tills allt kött och grönsaker är mört och genomstekt.

f) Öppna försiktigt paketen och överför det grillade innehållet till ett serveringsfat.

g) Servera den fijianska grillade måltiden i underjordisk ugn med citron- eller limeklyftor på sidan för extra fräschör och smak.

22. Fijiansk bläckfisk stuvad i kokosgrädde

INGREDIENSER:

- 2 lbs bläckfisk, rensad och skuren i lagom stora bitar
- 2 matskedar vegetabilisk olja
- 1 lök, finhackad
- 2 vitlöksklyftor, hackade
- 1-tums bit färsk ingefära, riven
- 2 tomater, hackade
- 1 dl kokosgrädde
- 2 dl vatten eller fiskfond
- 1 msk fisksås
- 1 msk sojasås
- 1 msk citron- eller limejuice
- Salta och peppra efter smak
- Hackad färsk koriander, till garnering
- Kokt vitt ris, till servering

INSTRUKTIONER:

a) Värm den vegetabiliska oljan på medelvärme i en stor gryta eller holländsk ugn.

b) Tillsätt hackad lök, hackad vitlök och riven ingefära. Fräs tills löken är mjuk och genomskinlig.

c) Lägg till bläckfiskbitarna i grytan och koka i några minuter tills de börjar krypa ihop och bli ogenomskinliga.

d) Rör ner hackade tomater, kokosgrädde, vatten eller fiskfond, fisksås, sojasås och citron- eller limejuice. Blanda allt väl.

e) Täck grytan och låt bläckfiskgrytan sjuda på låg värme i cirka 45 minuter till 1 timme eller tills den blivit mör och genomstekt.

f) Krydda med salt och peppar efter smak.

g) Garnera med hackad färsk koriander före servering.

h) Servera den fijianska bläckfisken stuvad i kokosgrädde med kokt vitt ris för en härlig skaldjursrätt.

23. Fijiansk kokosfisk med spenat och ris

INGREDIENSER:
- 1 stjälk citrongräs, finhackad
- 1 röd chili, finhackad (valfritt)
- ½ rödlök, tunt skivad
- 4 mogna tomater, grovt hackade (eller 1 burk krossade tomater)
- 1 burk kokosmjölk
- 2-3 msk citronsaft
- 2 msk fisksås
- 1 tsk socker
- ¼ kopp basilikablad, grovt hackade, plus extra till garnering
- 600 g vita fiskfiléer (t.ex. terakihi, gurnard, snapper, etc.)
- 300 g babyspenat
- Ångat ris, till servering

INSTRUKTIONER:
a) I en stor stekpanna på medelvärme, tillsätt ¼ kopp kokosmjölk, citrongräs och chili (om du använder). Fräs tills vätskan avdunstat och citrongräset blir mört (ca 2-3 minuter).

b) Rör ner den återstående kokosmjölken, skivad lök, tomater (färska eller konserverade), citronsaft, fisksås, socker och hackade basilikablad. Låt blandningen sjuda i 5 minuter, låt smakerna smälta.

c) Torka fiskfiléerna med hushållspapper och se till att det inte finns några fjäll eller ben kvar. Krydda fisken med salt och peppar.

d) Lägg försiktigt ner fiskfiléerna i kokossåsen och se till att de är helt nedsänkta. Sjud i 4 minuter, vänd sedan filéerna försiktigt och koka i ytterligare 1 minut eller tills fisken precis är genomstekt.

e) Ånga eller fräs babyspenaten lätt i en separat panna tills den vissnar.

f) För att servera, sked en generös mängd ris på varje tallrik. Toppa med fisk och den smakrika kokossåsen.

g) Lägg en del av den vissna spenaten vid sidan av. Garnera med ytterligare basilikablad för en fräsch touch.

KARRIER OCH SOPPA

24. Fijiansk kyckling, tomat och potatiscurry

INGREDIENSER:
- 1 lb kycklingbitar (benade eller benfria), skurna i små bitar
- 2 matskedar vegetabilisk olja
- 1 lök, finhackad
- 2 vitloksklyftor, hackade
- 1-tums bit färsk ingefära, riven
- 2 tomater, hackade
- 2 potatisar, skalade och tärnade
- 1 dl kokosmjölk
- 1 msk currypulver
- 1 tsk malen spiskummin
- 1 tsk mald koriander
- 1/2 tsk gurkmejapulver
- 1/4 tsk chilipulver (justera efter dina kryddpreferenser)
- Salta och peppra efter smak
- Hackad färsk koriander, till garnering
- Kokt vitt ris, till servering

INSTRUKTIONER:
a) Värm vegetabilisk olja på medelvärme i en stor gryta eller stekpanna.

b) Tillsätt hackad lök, hackad vitlök och riven ingefära. Fräs tills löken är mjuk och genomskinlig.

c) Lägg i kycklingbitarna i grytan och bryn dem på alla sidor.

d) Rör ner hackade tomater, tärnad potatis, kokosmjölk, currypulver, mald spiskummin, mald koriander, gurkmejapulver och chilipulver. Blanda allt väl.

e) Krydda med salt och peppar efter smak.

f) Täck grytan och låt curryn sjuda på låg värme i cirka 30 minuter eller tills kycklingen är helt genomstekt och potatisen mjuk.
g) Justera kryddningen om det behövs.
h) Garnera med hackad färsk koriander före servering.
i) Servera den fijianska kycklingen, tomaten och potatiscurryn med kokt vitt ris för en tröstande och smakrik måltid.

25. Fijian Crabs Curry

INGREDIENSER:

- 2 lbs krabbor, rensade och skurna i bitar
- 2 matskedar vegetabilisk olja
- 1 lök, finhackad
- 2 vitlöksklyftor, hackade
- 1-tums bit färsk ingefära, riven
- 2 tomater, hackade
- 1 msk currypulver
- 1 tsk malen spiskummin
- 1 tsk mald koriander
- 1/2 tsk gurkmejapulver
- 1/4 tsk chilipulver (justera efter dina kryddpreferenser)
- 1 dl kokosmjölk
- Salta och peppra efter smak
- Hackad färsk koriander, till garnering
- Kokt vitt ris, till servering

INSTRUKTIONER:

a) Värm vegetabilisk olja på medelvärme i en stor gryta eller stekpanna.

b) Tillsätt hackad lök, hackad vitlök och riven ingefära. Fräs tills löken är mjuk och genomskinlig.

c) Tillsätt krabbarna i grytan och fräs i några minuter tills de börjar bli rosa.

d) Rör ner de hackade tomaterna, currypulver, mald spiskummin, mald koriander, gurkmejapulver och chilipulver. Blanda allt väl.

e) Häll i kokosmjölken och låt curryn koka upp.

f) Täck grytan och låt krabban koka i kokoscurryn i ca 15-20 minuter eller tills de är helt genomkokta och mjuka.

g) Krydda med salt och peppar efter smak.
h) Garnera med hackad färsk koriander före servering.
i) Servera Fijian Crabs Curry med kokt vitt ris för en härlig skaldjursmåltid.

26. Fijianska curryräkor

INGREDIENSER:
- 1 lb stora räkor, skalade och deveirade
- 2 matskedar vegetabilisk olja
- 1 lök, finhackad
- 2 vitlöksklyftor, hackade
- 1-tums bit färsk ingefära, riven
- 2 tomater, hackade
- 1 msk currypulver
- 1 tsk malen spiskummin
- 1 tsk mald koriander
- 1/2 tsk gurkmejapulver
- 1/4 tsk chilipulver (justera efter dina kryddpreferenser)
- 1 dl kokosmjölk
- Salta och peppra efter smak
- Hackad färsk koriander, till garnering
- Kokt vitt ris, till servering

INSTRUKTIONER:
a) Värm vegetabilisk olja på medelvärme i en stor gryta eller stekpanna.
b) Tillsätt hackad lök, hackad vitlök och riven ingefära. Fräs tills löken är mjuk och genomskinlig.
c) Lägg i räkorna i grytan och koka några minuter tills de börjar bli rosa.
d) Rör ner de hackade tomaterna, currypulver, mald spiskummin, mald koriander, gurkmejapulver och chilipulver. Blanda allt väl.
e) Häll i kokosmjölken och låt blandningen koka upp.
f) Täck grytan och låt räkorna koka i kokoscurryn i ca 5-7 minuter eller tills de är helt genomkokta och mjuka.

g) Krydda med salt och peppar efter smak.
h) Garnera med hackad färsk koriander före servering.
i) Servera de fijianska curryräkorna med kokt vitt ris till en utsökt skaldjursrätt.

27. Cassava Coconut Curry

INGREDIENSER:
- 2 msk (30 ml) kokosolja
- 1/2 lök, hackad
- 8 vitlöksklyftor
- 1-tums bit färsk ingefära
- 14 oz (400 g) kassava (skalad, tvättad och skuren i 1-tums kuber)
- 1 tsk gurkmejapulver
- 1 tsk salt, eller efter smak
- 1 tsk nymalen peppar
- 3 koppar (720 ml) vatten
- 2 koppar (480 ml) kokosmjölk
- 8 hela, färska curryblad

INSTRUKTIONER:
a) Hetta upp en stor panna eller stekpanna på medelvärme och tillsätt 1 msk av kokosoljan. Tillsätt den hackade löken i pannan och fräs tills den är genomskinlig, cirka 3 minuter.
b) Slå vitlöken och ingefäran med en mortel och mortelstöt och tillsätt denna grova pasta till löken. Låt detta koka en minut. Tillsätt de hackade kassavatärningarna, gurkmeja, 1 tsk salt eller efter smak och peppar. Blanda väl. Tillsätt vatten och täck pannan med ett lock och låt det puttra. Efter 15 minuter tar du upp pannan och kontrollerar om kassavatärningarna har mjuknat. Om tärningarna inte är mjuka, fortsätt tillagan i ytterligare 3 till 5 minuter.
c) Sänk värmen, tillsätt kokosmjölken och blanda väl. Låt såsen tjockna något i 2 minuter. Smaka av och justera kryddningen.

d) Värm den återstående 1 msk kokosolja i en separat panna på medelhög värme. Tillsätt currybladen och låt dem värmas upp i 1 minut. Ta av från värmen och

28. Fijian Duck Curry

INGREDIENSER:
- 2 kg ankkött, skuren i bitar
- 2 matskedar vegetabilisk olja
- 1 lök, finhackad
- 2 vitlöksklyftor, hackade
- 1-tums bit färsk ingefära, riven
- 2 tomater, hackade
- 1 msk currypulver
- 1 tsk malen spiskummin
- 1 tsk mald koriander
- 1/2 tsk gurkmejapulver
- 1/4 tsk chilipulver (justera efter dina kryddpreferenser)
- 1 dl kokosmjölk
- Salta och peppra efter smak
- Hackad färsk koriander, till garnering
- Kokt vitt ris, till servering

INSTRUKTIONER:
a) Värm vegetabilisk olja på medelvärme i en stor gryta eller stekpanna.
b) Tillsätt hackad lök, hackad vitlök och riven ingefära. Fräs tills löken är mjuk och genomskinlig.
c) Tillsätt ankköttet i grytan och koka tills det har fått färg på alla sidor.
d) Rör ner de hackade tomaterna, currypulver, mald spiskummin, mald koriander, gurkmejapulver och chilipulver. Blanda allt väl.
e) Häll i kokosmjölken och låt curryn koka upp.
f) Täck grytan och låt ankköttet koka i kokoscurryn i ca 45-60 minuter eller tills det är mört och genomstekt.

g) Krydda med salt och peppar efter smak.
h) Garnera med hackad färsk koriander före servering.
i) Servera Fijian Duck Curry med kokt vitt ris för en smakrik och rejäl måltid.

29. Fijiansk fiskcurry

INGREDIENSER:

- 3 matskedar (44 milliliter) vegetabilisk olja
- 1 medelstor lök, skalad och tärnad
- 1 kanelstång
- 3 vitlöksklyftor, skalade och hackade
- 2 långa röda chili, stjälkar och frön borttagna, hackade
- 1 1/2 tsk garam masala
- 1 tsk mald rostad spiskummin
- 1 tsk mald gurkmeja
- 2 medelstora tomater, fint tärnade
- 1 1/2 pund (680 gram) fast vit fisk
- Saften av 1 citron
- 1 2/3 koppar (400 ml) kokosmjölk
- Salt att smaka
- Nyhackad koriander till garnering
- Ångat vitt ris till servering

INSTRUKTIONER:

a) Ringla vegetabilisk olja på medelvärme i en stor stekpanna.

b) När oljan är uppvärmd, tillsätt den hackade löken och kanelstången. Koka tills löken börjar mjukna, tillsätt sedan hackad vitlök och hackad röd chili. Koka tills det bara doftar.

c) Rör ner garam masala, mald rostad spiskummin och mald gurkmeja. Låt kryddorna släppa sina smaker och aromer.

d) Tillsätt de fint tärnade tomaterna i stekpannan och koka, rör om då och då, tills tomaterna börjar brytas ner och bilda en såsliknande konsistens, cirka 15 minuter.

e) Lägg bitarna av fast vit fisk runt tomatblandningen i pannan. Ringla citronsaft över toppen av fisken.

f) Koka fisken ett par minuter på ena sidan och vänd sedan försiktigt bitarna till den andra sidan.

g) Häll i kokosmjölken och låt blandningen småputtra. Låt fisken koka igenom och absorbera smakerna från kokoscurryn, cirka 5 minuter.

h) Krydda Fish Suruwa med salt efter smak.

i) Garnera med nyhackad koriander före servering.

j) Servera den läckra fijianska fisken Suruwa omedelbart med ångat vitt ris.

k) Njut av denna snabba och smakrika fiskcurry som en härlig måltid!

30. Fijian getcurry

INGREDIENSER:
- 2 kg getkött, skuret i bitar
- 2 matskedar vegetabilisk olja
- 1 lök, finhackad
- 2 vitlöksklyftor, hackade
- 1-tums bit färsk ingefära, riven
- 2 tomater, hackade
- 1 msk currypulver
- 1 tsk malen spiskummin
- 1 tsk mald koriander
- 1/2 tsk gurkmejapulver
- 1/4 tsk chilipulver (justera efter dina kryddpreferenser)
- 1 dl kokosmjölk
- Salta och peppra efter smak
- Hackad färsk koriander, till garnering
- Kokt vitt ris, till servering

INSTRUKTIONER:
a) Värm vegetabilisk olja på medelvärme i en stor gryta eller stekpanna.
b) Tillsätt hackad lök, hackad vitlök och riven ingefära. Fräs tills löken är mjuk och genomskinlig.
c) Lägg till getköttet i grytan och koka tills det har fått färg på alla sidor.
d) Rör ner de hackade tomaterna, currypulver, mald spiskummin, mald koriander, gurkmejapulver och chilipulver. Blanda allt väl.
e) Häll i kokosmjölken och låt curryn koka upp.

f) Täck grytan och låt getköttet koka i kokoscurryn i ca 1,5 till 2 timmar eller tills det blir mört och lätt faller av benet.

g) Du kan behöva tillsätta lite vatten under tillagningsprocessen om curryn börjar bli för torr.

h) Krydda med salt och peppar efter smak.

i) Garnera med hackad färsk koriander före servering.

j) Servera den fijianska getcurryn med kokt vitt ris eller roti för en rejäl och smakrik måltid.

31. Fijian Taro och spenatsoppa

INGREDIENSER:

- 2 dl taro, skalad och tärnad
- 1 dl färsk spenat, hackad
- 1/2 lök, hackad
- 2 vitlöksklyftor, hackade
- 4 dl grönsaks- eller kycklingbuljong
- 1/2 kopp kokosmjölk
- Salta och peppra efter smak

INSTRUKTIONER:

a) Fräs löken och vitlöken i en stor gryta tills den doftar.
b) Tillsätt den tärnade taron och fräs i några minuter.
c) Häll i buljongen och låt puttra tills taron är mjuk.
d) Tillsätt den hackade spenaten och kokosmjölken. Koka tills spenaten vissnar.
e) Krydda med salt och peppar.
f) Servera denna fijianska taro- och spenatsoppa som en rejäl aptitretare.

32. Fijiansk lammgryta

INGREDIENSER:

- 2 lbs lammgryta kött, skuren i bitar
- 2 matskedar vegetabilisk olja
- 1 lök, finhackad
- 2 vitlöksklyftor, hackade
- 1-tums bit färsk ingefära, riven
- 2 tomater, hackade
- 1 msk currypulver
- 1 tsk malen spiskummin
- 1 tsk mald koriander
- 1/2 tsk gurkmejapulver
- 1/4 tsk chilipulver (justera efter dina kryddpreferenser)
- 1 dl kokosmjölk
- 2 dl vatten eller grönsaksbuljong
- Salta och peppra efter smak
- Hackad färsk koriander, till garnering
- Kokt vitt ris eller roti, till servering

INSTRUKTIONER:

a) Värm den vegetabiliska oljan på medelvärme i en stor gryta eller holländsk ugn.
b) Tillsätt hackad lök, hackad vitlök och riven ingefära. Fräs tills löken är mjuk och genomskinlig.
c) Tillsätt lammgrytan i grytan och låt koka tills det har fått färg på alla sidor.
d) Rör ner de hackade tomaterna, currypulver, mald spiskummin, mald koriander, gurkmejapulver och chilipulver. Blanda allt väl.
e) Häll i kokosmjölken och vatten eller grönsaksbuljong. Låt grytan koka upp.

f) Täck grytan och låt lammgrytan koka på låg värme i cirka 1,5 till 2 timmar eller tills köttet är mört och smakrikt.

g) Krydda med salt och peppar efter smak.

h) Garnera med hackad färsk koriander före servering.

i) Servera den fijianska lammgrytan med kokt vitt ris eller roti för en rejäl och utsökt måltid.

33. Fijian Squash Kale Curry

INGREDIENSER:
- 1 dl grönkål, hackad
- 2 dl kokosmjölk
- 2 dl butternut squash, i tärningar
- 1 msk vitlökspulver
- 1 dl kikärter, blötlagda över natten
- 1 tsk chilipulver
- 1 msk spiskumminpulver
- 2 dl grönsaksbuljong
- 3 vitlöksklyftor, hackade
- 1 medelstor lök, hackad
- 3 matskedar olivolja
- 1 tsk peppar

INSTRUKTIONER:
a) I snabbgrytan, kombinera alla ingredienser och blanda väl.
b) Förslut kastrullen med lock och låt sjuda på låg temperatur i 6 timmar.
c) Rör om väl innan servering.

34. Fijiansk spenat linscurry

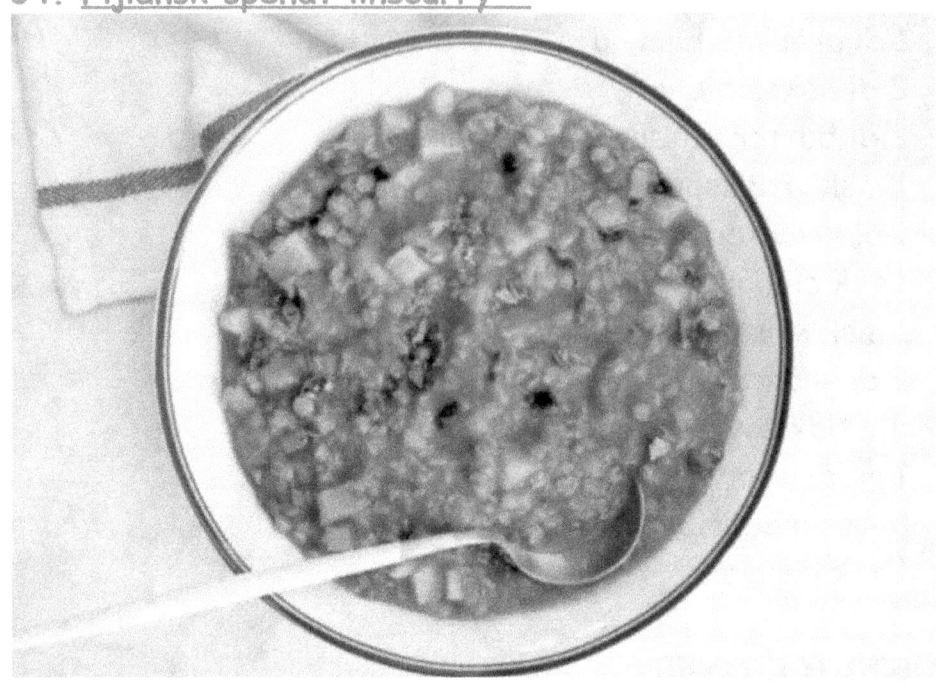

INGREDIENSER:

- 4 dl babyspenat, hackad
- 1 medelstor lök, hackad
- 2 msk olivolja
- 3 dl grönsaksfond
- 3 vitlöksklyftor, hackade
- 1/4 tsk cayennepeppar
- 1 1/2 dl röda linser, torkade
- 1 tsk mald koriander
- 1 tsk malen spiskummin
- 1/4 kopp koriander, hackad
- 1 medelstor potatis, tärnad
- 1 tsk mald gurkmeja
- 1/2 tsk salt

INSTRUKTIONER:

a) Häll oljan i kastrullen och sätt på den till sautéläge.
b) Fräs löken i 5 minuter.
c) Tillsätt vitlöken och koka i ytterligare 30 sekunder.
d) Häll i cayenne, gurkmeja, koriander och spiskummin.
e) Rör ihop allt ordentligt.
f) Kombinera potatis, grönsaksbuljong, linser och salt i en stor blandningsskål. Rör ihop allt ordentligt.
g) Koka på hög med lock på grytan.
h) Använd snabbkopplingsmetoden för att lätta på trycket innan du öppnar locket.
i) Häll i koriander och spenat.

35. Fijian Lins Chipotle Curry

INGREDIENSER:
- 1 kopp bruna linser; sköljs och plockas
- 1/2 medelstor lök; hackad.
- 1/2 medelgrön paprika; hackad.
- 1/2 msk rapsolja
- 1 chipotle i adobosås
- 1/4 kopp soltorkade tomater; hackad.
- 1/2 tsk malen spiskummin
- 1 vitlöksklyfta; hackad.
- 1½ msk chilipulver
- 1 burk (1/4 oz. tärnade tomater
- 2 dl grönsaksbuljong
- Salt; att smaka

INSTRUKTIONER:
a) Sätt i löken och paprikan i Instant Pot och koka i 2 minuter med Sauté-funktionen.
b) Fräs i 1 minut efter att ha rört i vitlök och chilipulvret.
c) Sätt på locket och tillsätt resten av ingredienserna.
d) Koka i 12 minuter på högt tryck med hjälp av den manuella funktionen.
e) Servera med en garnering av hackad koriander och riven cheddarost.

36. Fijian Bean Senap Curry

INGREDIENSER:
- ½ kopp ketchup
- ½ msk olivolja
- 2 matskedar melass
- 2 tsk senapspulver
- ¼ tesked mald svartpeppar
- 1 ½ skivor bacon, hackad
- ½ medelstor lök, hackad
- ½ liten grön paprika, hackad
- 1 ½ burk marinblå bönor, sköljda och avrunna
- 1 tsk äppelcidervinäger
- 2 msk hackad koriander

INSTRUKTIONER:
a) I din Instant Pot, välj Sauté-läget och tillsätt olja, lök, bacon och paprika i 6 minuter.
b) Fäst locket och tillsätt resten av ingredienserna.
c) Koka i 8 minuter på högt tryck med hjälp av den manuella funktionen.
d) Efter pipljudet gör du en Natural release i 10 minuter och sedan en Quick release för att driva ut resterande ånga.
e) Strö över hackad koriander.

37. Fijian White Bean & Rice Curry

INGREDIENSER:

- 1 pund vita bönor, blötlagda och sköljda
- ½ tsk röd paprika
- ½ tsk mald gurkmeja
- 1 msk lökpulver
- 2 tsk vitlökspulver
- 1-2 tsk salt
- 1 lagerblad
- 6 dl osaltad grönsaksbuljong
- Kokt vitt ris att servera

INSTRUKTIONER:

a) I Instant Pot, kombinera alla de angivna ingredienserna utom det vita riset.

b) Säkra locket genom att täcka det. Se till att tryckavlastningshandtaget är i tätt läge.

c) Efter summern, utför en 20-minuters naturlig frisättning.

d) Rör om väl och servera genast med varmt vitt ris.

38. Fijian Red Quinoa med potatis

INGREDIENSER:
- 2 matskedar olja
- 1 tsk spiskummin
- 1 dl röd quinoa, sköljd och avrunnen
- 10 curryblad, hackade
- 1 tsk finhackad het grön chili
- 1 liten röd potatis, skuren i ½-tums kuber
- 1½ dl vatten
- 1½ tsk kosher salt
- ½ kopp osaltade jordnötter
- Saften av 1 citron
- ¼ kopp hackad färsk koriander
- Citrongurka till servering
- Vanlig yoghurt till servering

INSTRUKTIONER:
a) Förvärm oljan i Instant Pot med den höga sauté-inställningen.
b) Koka spiskummin i den heta oljan i botten av grytan tills de fräser, cirka 1 till 2 minuter.
c) Tillsätt quinoa, curryblad och chili och koka i 2 till 3 minuter, eller tills quinoan är rostad.
d) Blanda potatisen, vattnet och saltet i en bunke.
e) Skrapa sidorna av grytan för att säkerställa att all quinoan är nedsänkt.
f) Välj Tryckkokning eller Manuell och koka i 2 minuter vid högt tryck.
g) I en liten panna, rosta jordnötterna lätt i 2 till 3 minuter, rör om regelbundet och ställ åt sidan för att svalna.

h) Låt trycket försvinna spontant; detta bör ta cirka 10 minuter.
i) Häll citronsaften i grytan och häll i jordnötterna.
j) Häll upp khichdi i skålar, garnera med koriander, en klick vanlig yoghurt och en citronsyra och servera.

1.

39. Fijian Curried röda linser

INGREDIENSER:
- 2 matskedar ghee
- ½ tesked spiskummin
- 1 liten gul lök, fint tärnad
- 1 plommontomat, urkärnad och tärnad
- 1 msk finhackad vitlök
- 1½ tsk riven färsk ingefära
- 1 dl linsdal, sköljd
- 1 tsk mald koriander
- ½ tsk rött chilepulver
- ⅛ tesked mald gurkmeja
- 2 tsk Kosher salt
- 3 till 4 koppar vatten
- 1 msk riven jaggery
- ½ kopp hackad färsk koriander

INSTRUKTIONER:
a) Förvärm ghee i Instant Pot med den höga sauté-inställningen.

b) Koka spiskumminfröna i det uppvärmda gheeet längst ner i grytan i ca 1 minut, eller tills de börjar krackelera.

c) Tillsätt lök, tomat, vitlök och ingefära och koka i 2 minuter, eller tills tomaterna mjuknat.

d) I en stor blandningsskål, kombinera linser, koriander, chilipulver, gurkmeja och salt; tillsätt 3 koppar vatten och vispa för att blanda.

e) Välj Tryckkokning eller Manuell och koka i 10 minuter vid högt tryck.

f) Tillåt 10 minuter för trycket att naturligt slappna av.

g) Sätt i jaggery och resterande 1 dl vatten i grytan.

h) Smaka av och smaka av med salt om det behövs. Välj alternativet Sauté och låt koka i 5 minuter, eller tills linserna kokar svagt.

i) Häll upp i skålar och toppa med koriander innan servering.

40. Fijian Black-eyed Peas curry

INGREDIENSER:
- 1 matsked neutral vegetabilisk olja
- 1 liten gul lök, fint tärnad
- 1 msk finhackad vitlök
- 1½ tsk riven färsk ingefära
- 1 kopp torkade svartögda ärtor, sköljda
- 1 plommontomat, urkärnad och tärnad
- 1½ tsk kosher salt
- 1 tsk rött chilepulver
- 1 tsk mald koriander
- ½ tsk malen spiskummin
- ¼ tesked mald gurkmeja
- 3 koppar vatten
- Kokt ris

INSTRUKTIONER:
a) Förvärm oljan i Instant Pot med den höga sauté-inställningen.
b) Tillsätt löken, vitlöken och ingefäran och koka i 2 minuter, eller tills löken börjar bli genomskinlig.
c) Släng i svartögda ärtor, tomat, salt, chilipulver, koriander, spiskummin och gurkmeja, följt av vattnet.
d) Värm ugnen till hög temperatur och fräs curryn tills den kokar måttligt, servera sedan.

41. Fijiansk kikärtscurry

INGREDIENSER:
- 1 dl torkade kikärter, sköljda
- 3½ dl vatten
- 2 matskedar ghee
- 1 tsk spiskummin
- 1 gul lök, fint tärnad
- 1 tsk riven färsk ingefära
- 1 tsk finhackad vitlök
- 1 msk mald koriander
- 2 tsk kosher salt
- 1 till 2 teskedar rött chilepulver
- ¼ tesked mald gurkmeja
- 2 plommontomater, fint tärnade
- ¼ tesked Garam masala
- ½ kopp hackad färsk koriander

INSTRUKTIONER:

a) Förvärm ghee i Instant Pot med den höga sauté-inställningen.

b) Koka spiskumminfröna i den heta oljan längst ner i grytan i ca 1 minut, eller tills de börjar krackelera.

c) Tillsätt löken och låt sjuda, rör om med jämna mellanrum, i cirka 5 minuter, eller tills den är genomskinlig.

d) Tillsätt ingefära och vitlök och koka i 1 minut, eller tills det doftar.

e) Släng i koriander, salt, chilipulver, gurkmeja och kikärter, tillsammans med 112 dl vatten, och rör om ordentligt med en träslev, skrapa upp eventuella brynta bitar från botten av kastrullen.

f) Välj Tryckkokning eller Manuell och ställ in timern på 35 minuter vid högt tryck.

g) Vänta 10 till 20 minuter för att trycket ska släppa naturligt.

h) Sätt i tomaterna och Garam masala i grytan.

i) Välj den höga sauterinställningen och koka i 5 minuter, eller tills tomaterna mjuknat.

j) Häll upp i skålar och toppa med koriander innan servering.

42. Fijian Coconut Blandade linser

INGREDIENSER:

- ¼ kopp grovt hackad färsk koriander
- ¼ kopp vatten
- 3 msk riven kokos
- 1 msk finhackad vitlök
- 1 tsk tärnad het grön chili
- 1 tsk riven färsk ingefära
- 2 matskedar ghee
- ½ tsk svarta senapsfrön
- ¼ tesked mald gurkmeja
- ⅛ tesked asafoetida
- 1 kopp diverse kluvna linser, sköljda
- 2 tsk mald koriander
- ½ tsk malen spiskummin
- Kosher salt
- 3 till 4 koppar vatten
- ½ kopp hackad färsk koriander

INSTRUKTIONER:

a) För att göra kryddpastan, lägg koriander, vatten, kokos, vitlök, chili och ingefära i en liten matberedare och mixa tills en tjock pasta bildas.

b) Värm ghee i snabbgrytan med hjälp av det höga Sauté-alternativet.

c) Kasta senapsfröna i den heta oljan nära grytans bottenkanter och stek tills de exploderar.

d) Kombinera gurkmeja, asafoetida och kryddpasta och tillsätt.

e) I en stor blandningsskål, tillsätt linser, koriander, spiskummin och 112 matskedar salt; häll i 2 dl vatten och vispa ihop.

f) Välj Tryckkokning eller Manuell och koka i 10 minuter vid högt tryck.
g) Välj alternativet High Sauté och låt koka i 4 till 5 minuter, eller tills dalen kokar måttligt.
h) Ställ maten på bordet.
1.

43. Fijian Tomat & Betor soppa curry

INGREDIENSER:

- 4 plommontomater, kärnade ur och i fjärdedelar
- 2 morötter, skalade och skivade
- 1 rödbeta, skalad och skuren i tärningar
- ½ tsk malen spiskummin
- 2-tums kanelstång
- 2 tsk currypulver
- Kosher salt
- 3 koppar vatten
- 2 msk pilrotspulver
- ½ tsk nymalen svartpeppar
- 2 koppar krutonger

INSTRUKTIONER:

a) I Instant Pot, kombinera tomater, morötter, betor, spiskummin, kanelstång, currypulver, salt och vatten.
b) Koka på högt tryck i 10 minuter.
c) Ta bort kanelstången från grytan och ställ den åt sidan.
d) Mosa soppan med en stavmixer tills den är helt slät.
e) Häll långsamt i pilrotspulverslurryn under ständig omrörning.
f) Tillsätt peppar och rör om för att kombinera, smaka sedan av och smaka av med salt om det behövs.
g) Värm ugnen till hög och fräs soppan tills den kokar försiktigt.
h) Toppa med krutonger och servera genast.

44. Fijiansk pumpa & kokossoppa

INGREDIENSER:

- 1½ pund skalad och tärnad pumpa
- ½ kopp tärnad gul lök
- 4 vitlöksklyftor, skalade
- 1 burk kokosmjölk med låg fetthalt
- 1 dl grönsaksbuljong med låg natriumhalt
- 1 msk olivolja
- 1½ tsk kosher salt
- 1 tsk Garam masala
- 1 nypa cayennepeppar

INSTRUKTIONER:

a) I Instant Pot, kombinera pumpa, lök, vitlök, kokosmjölk, grönsaksbuljong, olivolja och salt och rör om.

b) Välj Tryckkokning eller Manuell och ställ in timern på 8 minuter vid högt tryck.

c) Flytta tryckavlastaren till Venting för att utföra en snabb frigöring. Öppna grytan och puré soppan med en mixer tills den är slät.

d) Tillsätt garam masala och cayennepeppar och rör om.

e) Häll soppan i skålar, garnera med en nypa Garam masala och cayenne och servera omedelbart.

45. Fijiansk gurkmeja Blomkålssoppa

INGREDIENSER:

- 1 msk olivolja
- 1 gul lök, skivad
- 1 tsk fänkålsfrön
- 3 dl blomkålsbuketter
- 2 plommontomater, urkärnade och tärnade
- 1 rödbrun potatis, tärnad
- 6 vitlöksklyftor, skalade
- 1 tsk riven färsk ingefära
- 3 koppar vatten, plus mer efter behov
- 20 råa cashewnötter
- $\frac{1}{4}$ tesked mald gurkmeja
- 1 tsk mald koriander
- 1 tsk malen spiskummin
- 1 tsk kosher salt
- $\frac{1}{2}$ tesked Garam masala
- $\frac{1}{4}$ kopp hackad färsk koriander
- $\frac{1}{4}$ tesked cayennepeppar

INSTRUKTIONER:

a) Förvärm olivoljan i Instant Pot med Sauté-alternativet.
b) Tillsätt lök och fänkålsfrön och koka i 1 minut, eller tills det doftar.
c) I en stor blandningsskål, kombinera blomkål, tomater, potatis, vitlök och ingefära.
d) Tillsätt vatten, cashewnötter, gurkmeja, koriander, spiskummin och salt i en stor blandningsskål.
e) a)Välj Tryckkokning eller Manuell och koka i 10 minuter vid lågt tryck.
f) Mixa soppan tills den är slät och krämig, tillsätt sedan garam masala.

g) Välj alternativet Sauté och koka i 5 minuter, eller tills soppan kokar försiktigt.

h) Häll soppan i skålar, toppa med koriander och en nypa Garam masala och cayennepeppar och servera omedelbart.

46. Fijiansk kryddig lammgryta

INGREDIENSER:

- 2 matskedar neutral vegetabilisk olja
- 2-tums kanelstång
- 2 indiska lagerblad
- 20 svartpepparkorn
- 4 gröna kardemummakapslar
- 1½ pund benfri lammaxel
- 2 gula lökar, var och en skär i 8 bitar
- 2 morötter
- 2 stora gula potatisar
- 3 torkade röda chili
- 1 matsked kosher salt
- 1 tsk rött chilepulver
- ½ kopp vatten
- ¼ kopp hackad färsk koriander

INSTRUKTIONER:

a) Förvärm oljan i Instant Pot med den höga sauté-inställningen.

b) Fräs kanelstången, lagerbladen, pepparkornen och kardemumma i 1 minut, eller tills de är aromatiska.

c) Tillsätt lammbitarna och stek i 2 till 3 minuter, vänd varje bit ett antal gånger, tills de fått lite färg.

d) Släng i lök, morötter, potatis, chili, salt och chilipulver, följt av vattnet.

e) a)Välj kött/gryta som tillagningsläge och ställ in timern på 35 minuter vid högt tryck.

f) Tillåt 10 minuter för trycket att naturligt slappna av.

g) Välj den höga sauté-inställningen och låt sjuda i cirka 5 minuter, eller tills grytan börjar tjockna.

h) För att stänga av Instant Pot, tryck på Avbryt. När grytan svalnar kommer den att tjockna ännu mer.

i) Häll grytan i rätter, toppa med koriander och servera omedelbart.

47. Fijiansk röd linssoppa

INGREDIENSER:
- 1 gul lök, fint tärnad
- 1 morot, skalad och skivad
- 1 kopp konserverade tärnade tomater med juice
- 1 dl linsdal, sköljd
- 2 msk finhackad vitlök
- 1 tsk rött chilepulver
- 1 tsk mald koriander
- ½ tsk malen spiskummin
- ½ tesked Garam masala
- ¼ tesked mald gurkmeja
- 3 dl grönsaksbuljong med låg natriumhalt
- 1 kopp vatten
- Kosher salt
- 2 stora nävar babyspenat
- ¼ kopp hackad färsk koriander
- 4 till 6 citronklyftor

INSTRUKTIONER:
a) I Instant Pot, kombinera löken, moroten, tomaterna och deras juice, linsdal, vitlök, chilipulver, koriander, spiskummin, Garam masala och gurkmeja.
b) Häll i grönsaksbuljongen och blanda väl.
c) Välj Tryckkokning eller Manuell och ställ in timern på 8 minuter vid högt tryck.
d) Låt trycket släppa naturligt i 10 minuter.
e) Ta av locket från kastrullen. Använd baksidan av en sked och mosa linserna på den höga sauterinställningen.
f) Rör ner vattnet, smaka av och smaka av med salt om det behövs.

g) Tillsätt spenaten och låt sjuda, rör om då och då, tills soppan kokar upp svagt.

h) Häll upp i skålar, toppa med koriander och servera omedelbart med en klick citron.

48. Fijian Butter Chicken Curry

INGREDIENSER:

- 2 matskedar ghee
- 1 stor gul lök, fint tärnad
- 2 pund benfritt kycklinglår
- 1 kopp konserverad tomatpuré
- ½ kopp vatten
- 1 msk riven färsk ingefära
- 1 msk finhackad vitlök
- 2 tsk rött chilepulver
- 2 tsk kosher salt
- 1 tsk Garam masala
- ½ tsk mald gurkmeja
- ½ kopp konserverad kokosgrädde
- 2 msk tomatpuré
- 2 msk torkade bockhornsklöverblad
- 2 tsk socker
- ½ kopp hackad färsk koriander
- 2 dl kokt basmatiris

INSTRUKTIONER:

a) Förvärm ghee i Instant Pot med den höga sauté-inställningen.
b) Tillsätt löken och låt sjuda i 4 till 5 minuter, eller tills den är genomskinlig.
c) Tillsätt kyckling, tomatpuré, vatten, ingefära, vitlök, chilipulver, salt, Garam masala och gurkmeja i en stor mixerskål.
d) Tillsätt kokosgrädde, tomatpuré, bockhornsklöver och socker i en stor blandningsskål.

e) Använd den höga sauté-inställningen och koka i cirka 2 minuter, eller tills curryn kokar upp och är ordentligt uppvärmd.
f) Häll riset på tallrikar och toppa med curry.
g) Garnera med koriander innan servering.

49. Fijian Kycklingfärs chili

INGREDIENSER:
- 2 matskedar neutral vegetabilisk olja
- 1 tsk spiskummin
- 1 stor gul lök, fint tärnad
- 1 pund mald kyckling
- 1 msk riven färsk ingefära
- 1 msk finhackad vitlök
- 2 tsk rött chilepulver
- 1½ tsk kosher salt
- ½ tsk mald gurkmeja
- 2 plommontomater, kärnade ur och fint tärnade
- 1 gul potatis
- ¼ kopp vatten
- 2 msk mald koriander
- 1 tsk Garam masala
- ½ kopp hackad färsk koriander

INSTRUKTIONER:
a) Förvärm oljan i Instant Pot med alternativet Sauté.

b) Tillsätt spiskummin och värm i 1 minut, eller tills de börjar krackelera.

c) Tillsätt löken och koka i 4 till 5 minuter, eller tills den är mjuk och genomskinlig.

d) Koka, bryt upp kycklingen med ingefära, vitlök, chilipulver, salt och gurkmeja.

e) Släng i tomater, potatis och vatten med en träslev, skrapa upp eventuella brynta bitar från botten av grytan.

f) Tillsätt koriander och garam masala i blandningen.

g) Välj Tryckkokning eller Manuell och koka i 4 minuter vid högt tryck.

h) Låt trycket släppa naturligt i 10 minuter.

i) Tillsätt koriandern och servera.

50. Fijian kyckling & spenat curry

INGREDIENSER:

- 2 matskedar neutral vegetabilisk olja
- ½ tesked spiskummin
- 4 kryddnejlika
- 10 svartpepparkorn
- 1 gul lök, fint tärnad
- 1 till 2 teskedar finhackad het grön chili
- 2 tsk riven färsk ingefära
- 2 tsk finhackad vitlök
- 1½ pund kycklingbröst eller lår
- ½ kopp konserverad tomatpuré
- 2 matskedar vatten
- 1½ tsk kosher salt
- ¼ tesked mald gurkmeja
- ½ tesked Garam masala
- 2 koppar kokt ris

INSTRUKTIONER:

a) Förvärm oljan på den höga sauté-inställningen.

b) Koka i 30 sekunder, eller tills spiskummin, kryddnejlika och pepparkorn är rostade.

c) Rör ner löken och chili och koka tills löken är genomskinlig, cirka 5 minuter.

d) Tillsätt ingefära och vitlök, rör om för att införliva och koka i 1 minut, eller tills det doftar.

e) Kombinera kyckling, tomatpuré, vatten, salt, gurkmeja och Garam masala i en stor mixerskål, rör om väl med en träslev för att ta bort eventuella brynta bitar från botten av grytan.

f) Välj det höga Sauté-alternativet. Häll i spenaten och blanda väl.

g) Häll riset på tallrikar och toppa med curry.
h) Servera omedelbart.
1.

51. Fijian Curry kokosräkor

INGREDIENSER:
- 1 burk kokosmjölk
- 1 msk kokosolja
- 1 gul lök, tunt skivad
- 6 kryddnejlika
- 4 gröna kardemummakapslar
- 2-tums kanelstång
- 4 små varma gröna chili, halverade
- 15 curryblad
- 2 tsk riven färsk ingefära
- 2 tsk finhackad vitlök
- 2 plommontomater, skivade
- ½ tsk mald gurkmeja
- 1½ pund tail-on jumbo räkor
- 1 tsk kosher salt
- ¼ kopp hackad färsk koriander
- Ångat ris till servering

INSTRUKTIONER:
a) Förvärm kokosoljan i Instant Pot på den höga sauté-inställningen.

b) Fräs löken, kryddnejlika, kardemumma och kanelstång tills löken mjuknar och blir genomskinlig, cirka 5 minuter.

c) Tillsätt chili, curryblad, ingefära och vitlök och koka i 1 minut, eller tills det doftar.

d) Tillsätt tomater, gurkmeja och räkor i en stor blandningsskål. Rör ner kokosvattnet och saltet en gång till.

e) Välj Tryckkokning eller Manuell och koka i 2 minuter vid lågt tryck.

f) Ta av locket från grytan, vispa i kokosgrädden och toppa med koriander.
g) Servera räkorna med ångat ris i en serveringsskål.

52. Fijian Lamb vindaloo Fusion

INGREDIENSER:
- ¼ kopp vitvinsvinäger
- 4 matskedar Lamm Vindaloo Kryddblandning
- 2 msk finhackad vitlök
- 1 msk riven färsk ingefära
- 3 tsk kosher salt
- 2 pund benfri lammskuldra
- ¼ kopp ghee
- 1 tsk svarta senapsfrön
- 1 stor gul lök, fint tärnad
- ½ kopp vatten
- 1 stor gul potatis, skalad
- 2 msk rött chilepulver
- 1 msk farinsocker
- 1 msk tamarindkoncentratpasta
- ⅛ tesked mald gurkmeja
- cayenpeppar
- ½ kopp hackad färsk koriander
- Ångat ris till servering
- 8 parathas för servering

INSTRUKTIONER:
a) Vispa ihop vinäger, kryddblandning, vitlök, ingefära och 2 matskedar salt i en mixerskål.
b) Häll i lammet och vänd så att det blir jämnt.
c) Värm ghee i snabbgrytan med hjälp av det höga Sauté-alternativet.
d) Tillsätt senapsfröna till den heta ghee i botten av grytan och koka i 2 till 3 minuter, eller tills de börjar poppa.

e) Tillsätt löken och resterande 1 tsk salt och koka i 5 minuter, eller tills löken är genomskinlig. Rör ner det marinerade lammet tills allt är väl blandat.

f) Tillsätt vattnet och blanda noga med en träslev.

g) Ovanpå lammet, arrangera potatiskuberna; kombinera inte.

h) Välj Tryckkokning eller Manuell och koka i 20 minuter vid högt tryck.

i) Låt trycket slappna av i 15 minuter.

j) Kombinera chilipulver, farinsocker, tamarindpasta, gurkmeja och cayennepeppar i en stor blandningsskål.

k) Välj den höga sauterinställningen och koka i 1 minut för att kombinera kryddorna.

l) Häll upp curryn på tallrikar och toppa med koriander.

53. Fijian Coconut Beef Curry

INGREDIENSER:
- 1 ½ lbs. nötkött, skär i bitar
- ½ kopp basilika, skivad
- 2 msk farinsocker
- 2 msk fisksås
- ¼ dl kycklingfond
- ¾ kopp kokosmjölk
- 2 msk currypasta
- 1 lök, skivad
- 1 paprika, skivad
- 1 sötpotatis

INSTRUKTIONER:
a) I snabbgrytan, kombinera alla ingredienser utom basilika och rör om väl.
b) Koka på hög nivå i 15 minuter efter att grytan försluts med lock.
c) Låt trycket släppa naturligt innan du öppnar locket.
d) Tillsätt basilikan och blanda noga.
e) Tjäna.

SIDOR OCH SALADER

54. Roti (fijianskt tunnbröd)

INGREDIENSER:

- 2 koppar universalmjöl
- 1/2 tsk salt
- Vatten

INSTRUKTIONER:

a) I en skål, kombinera mjöl och salt.
b) Tillsätt gradvis vatten och knåda tills en mjuk, icke-klibbig deg bildas.
c) Dela degen i golfbollstora delar och rulla dem till tunna cirklar.
d) Hetta upp en stekpanna eller stekpanna på medelhög värme.
e) Tillaga roti på den heta grillen i cirka 1-2 minuter på varje sida, eller tills de blåser upp och får bruna fläckar.
f) Servera med valfri chutney eller curry.

55. Fijiansk ångad kokosnöt och maniok

INGREDIENSER:
- 1 lb kassava, skalad och skuren i bitar
- 1 dl kokosmjölk
- 1/4 kopp vatten
- 1 msk socker (valfritt, anpassa efter smak)
- Nypa salt

INSTRUKTIONER:

a) Lägg i kassavabitarna i en stor gryta eller ångkokare och ånga dem på medelvärme i cirka 15-20 minuter eller tills de blivit mjuka och genomstekta.

b) Blanda kokosmjölken, vattnet, sockret (om du använder det) och en nypa salt i en separat kastrull.

c) Värm kokosmjölksblandningen på låg värme tills den är genomvärmd men inte kokar.

d) Ta bort den ångade kassavan från grytan eller ångbåten och överför den till ett serveringsfat.

e) Häll den varma kokosmjölksblandningen över den ångade kassavan.

f) Servera den fijianska ångade kokosnöten och maniok som en förtjusande och tröstande tillbehör.

56. Fijianska kokta taroblad och kokosgrädde

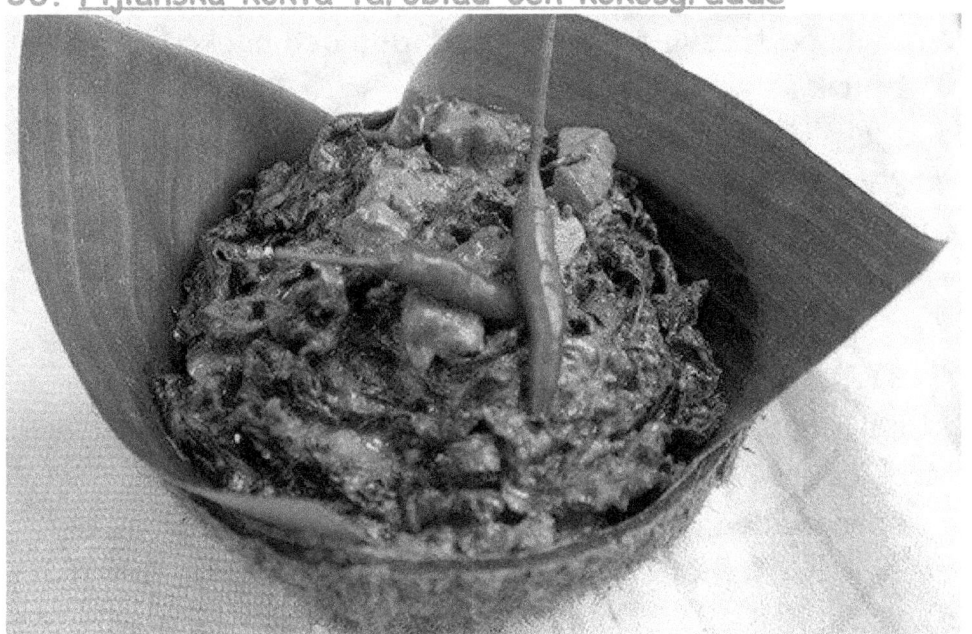

INGREDIENSER:

- 1 knippe färska taroblad, tvättade och hackade
- 1 burk (400 ml) kokosgrädde
- 1 lök, finhackad
- 2 vitlöksklyftor, hackade
- 1-2 röda chilipeppar, urkärnade och hackade (valfritt)
- Salta och peppra efter smak

INSTRUKTIONER:

a) Koka upp vatten i en stor gryta och tillsätt de hackade tarobladen.
b) Koka bladen i ca 15-20 minuter eller tills de är mjuka.
c) Häll av vattnet och ställ de kokta bladen åt sidan.
d) Värm lite olja på medelvärme i samma gryta och fräs den hackade löken, vitlöken och chilipeppar tills löken är genomskinlig och aromatisk.
e) Tillsätt de kokta tarobladen i grytan och blanda väl med de sauterade ingredienserna.
f) Häll i kokosgrädden och rör om.
g) Smaka av med salt och peppar efter smak och låt blandningen puttra på svag värme i 5-10 minuter.
h) Servera varm som en traditionell fijiansk tillbehör med ris eller andra huvudrätter.

57. Fijian Seagrape

INGREDIENSER:

- Färska seagrapes
- Lime eller citronklyftor, till servering

INSTRUKTIONER:

a) Skölj färska seagrapes under kallt rinnande vatten för att ta bort eventuell sand eller skräp.

b) Klappa seagrapes torra med en ren kökshandduk eller hushållspapper.

c) Servera Fijian Seagrapes som ett uppfriskande och näringsrikt mellanmål eller tillbehör, tillsammans med lime- eller citronklyftor för extra smak.

58. Fijiansk rostad aubergine med örter

INGREDIENSER:

- 2 stora auberginer
- 2 matskedar vegetabilisk olja
- 2 vitlöksklyftor, hackade
- 1 msk hackade färska timjanblad
- 1 msk hackade färska rosmarinblad
- Salta och peppra efter smak
- Citronklyftor, till servering

INSTRUKTIONER:

a) Värm ugnen till 400°F (200°C).

b) Skär auberginema på längden och skär köttet med en kniv i kors och tvärs.

c) Lägg auberginehalvorna på en plåt med köttsidan uppåt.

d) Blanda vegetabilisk olja, hackad vitlök, hackad färsk timjan och hackad färsk rosmarin i en liten skål.

e) Pensla oljan och örtblandningen över fruktköttet av auberginehalvorna.

f) Krydda auberginen med salt och peppar efter smak.

g) Rosta auberginen i den förvärmda ugnen i ca 25-30 minuter eller tills fruktköttet blir mört och gyllenbrunt.

h) Ta ut den rostade auberginen från ugnen och låt den svalna något.

i) Servera den fijianska rostade auberginen med örter med citronklyftor på sidan för att pressa över auberginen.

59. Fijiansk råfisksallad (Kokoda)

INGREDIENSER:
- 1 lb fasta vita fiskfiléer, tärnade (som snapper eller mahi-mahi)
- 1 dl kokosgrädde
- 1/4 kopp färskpressad limejuice
- 1 gurka, skalad och tärnad
- 1 tomat, tärnad
- 1 liten lök, finhackad
- 1 liten röd chilipeppar, finhackad (valfritt, för extra värme)
- Salta och peppra efter smak
- Hackad färsk koriander, till garnering
- Kokt vitt ris eller tarochips, till servering

INSTRUKTIONER:
a) Kombinera den tärnade fisken, kokosgrädden och färskpressad limejuice i en mixerskål. Se till att fisken är helt täckt av blandningen.

b) Täck skålen med plastfolie och ställ i kylen i cirka 2 timmar, eller tills fisken är "kokt" i citrussaften. Syran i limesaften kommer försiktigt att "koka" fisken, vilket ger den en cevicheliknande konsistens.

c) Efter att fisken har marinerat, häll av överflödig vätska från skålen.

d) Tillsätt tärnad gurka, tomat, finhackad lök och röd chilipeppar (om du använder den) till den marinerade fisken. Blanda ihop allt försiktigt.

e) Krydda den fijianska råfisksalladen (Kokoda) med salt och peppar efter smak.

f) Garnera med hackad färsk koriander före servering.

g) Servera den fijianska råfisksalladen med kokt vitt ris eller tarochips för en härlig och uppfriskande skaldjursrätt.

60. Fijiansk kokosroti

INGREDIENSER:

- 2 koppar universalmjöl
- 1 kopp torkad kokosnöt (osötad)
- 2 matskedar socker
- 1/2 tsk salt
- 2 msk smör, smält
- 1 kopp varmt vatten (ungefär)

Instruktioner:

a) I en blandningsskål, kombinera all-purpose mjöl, torkad kokos, socker och salt.

b) Tillsätt gradvis det smälta smöret till de torra ingredienserna och blanda väl. Blandningen ska likna grova smulor.

c) Tillsätt långsamt varmt vatten, lite i taget, och knåda degen tills den går ihop. Du kan behöva lite mer eller mindre än en kopp vatten, så tillsätt det gradvis. Degen ska vara mjuk och smidig.

d) Dela degen i lika stora delar och rulla dem till bollar.

e) Hetta upp en stekpanna eller en non-stick panna på medelvärme.

f) Ta en av degbollarna och lägg den på en ren, mjölad yta. Kavla ut den till en tunn, rund roti med hjälp av en kavel. Du kan göra dem hur tunna eller tjocka du vill.

g) Överför försiktigt de rullade rotierna på den heta grillen eller pannan. Koka den i ca 1-2 minuter på varje sida eller tills den puffar upp något och har gyllenbruna fläckar. Du kan pensla lite smör på varje sida om du vill.

h) Upprepa rullningen och tillagningsprocessen för de återstående degbollarna.

i) Servera Fijian Coconut Roti varm, antingen på egen hand eller med din favoritcurry, chutney eller dipp.

61. Fijiansk grön papayasallad

INGREDIENSER:
- 1 grön papaya, skalad och strimlad
- 1 morot, skalad och strimlad
- 1/4 kopp riven kokos
- 1/4 kopp jordnötter, rostade och krossade
- 2-3 vitlöksklyftor, hackade
- 1-2 röda chilipeppar, finhackad (anpassa efter dina kryddpreferenser)
- Saften av 2 limefrukter
- Salt och socker efter smak

INSTRUKTIONER:
a) I en stor skål, kombinera den strimlade papayan, moroten, kokosnöten och jordnötterna.
b) Blanda hackad vitlök, hackad chilipeppar, limejuice, salt och socker i en separat skål.
c) Häll dressingen över salladen och rör om väl.
d) Låt salladen marinera i ca 15-20 minuter innan servering.

62. Fijiansk ananas- och gurksallad

INGREDIENSER:

- 1 kopp färska ananasbitar
- 1 gurka, skivad
- 1/4 rödlök, tunt skivad
- Färska korianderblad
- Saften av 1 lime
- Salta och peppra efter smak

INSTRUKTIONER:

a) I en salladsskål, kombinera färska ananasbitar, gurkskivor och tunt skivad rödlök.

b) Pressa limesaften över salladen och smaka av med salt och peppar.

c) Blanda ihop ingredienserna och garnera med färska korianderblad.

63. Fijian Creamed Taro (Taro in Coconut Cream)

INGREDIENSER:
- 2 dl taro, skalad och tärnad
- 1 dl kokosgrädde
- 1/4 kopp vatten
- 2-3 vitlöksklyftor, hackade
- Salta och peppra efter smak

INSTRUKTIONER:

a) I en kastrull, kombinera tärnad taro, kokosgrädde, vatten och hackad vitlök.
b) Krydda med salt och peppar.
c) Sjud på låg värme, rör om då och då, tills taron är mjuk och kokosgrädden tjocknar.
d) Servera denna krämiga fijianska tarorätt som tillbehör, ofta tillsammans med grillad fisk eller kött.

KRYDDER

64. Fijiansk kryddig tamarindchutney

INGREDIENSER:

- 1 kopp tamarindmassa
- 1/2 kopp farinsocker
- 1/4 kopp vatten
- 2-3 vitlöksklyftor, hackade
- 1-2 röda chilipeppar, finhackad (anpassa efter dina kryddpreferenser)
- Salt att smaka

INSTRUKTIONER:

a) I en kastrull, kombinera tamarindmassa, farinsocker, vatten, hackad vitlök och hackad chilipeppar.

b) Koka på låg värme under konstant omrörning tills blandningen tjocknar och sockret löst sig.

c) Smaka av med salt efter smak.

d) Låt chutneyn svalna och servera sedan som en kryddig fijiansk aptitretare. Det passar bra med stekt eller grillat snacks.

65. Ingefära-vitlökspasta

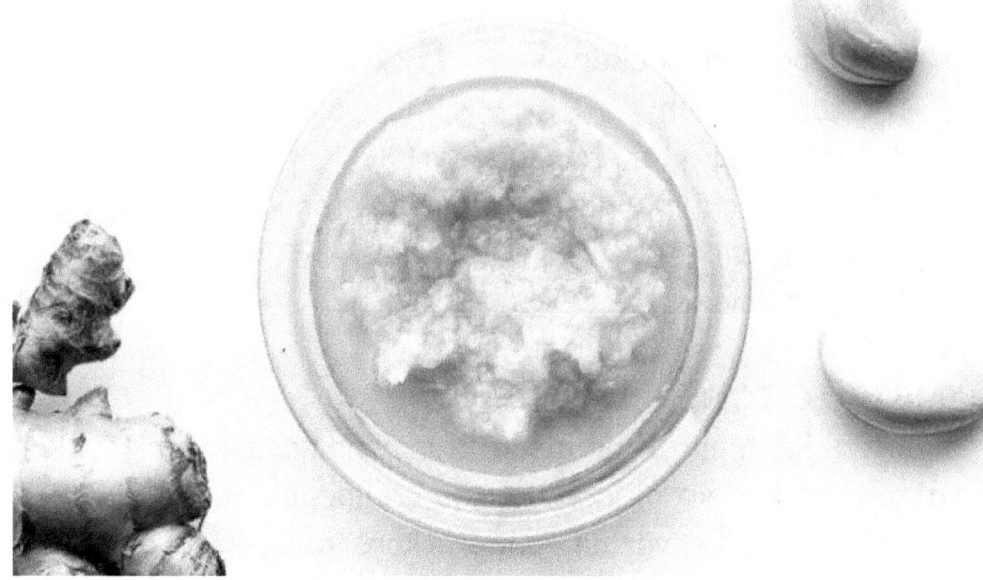

INGREDIENSER:
- 1 (4 tum [10 cm]) bit ingefära, skalad och hackad
- 12 vitlöksklyftor, skalade och putsade
- 1 matsked vatten

INSTRUKTIONER:
a) Bearbeta alla ingredienser i en matberedare tills du har en pastaliknande konsistens.

66. Fijiansk varmpepparsås (Buka, Buka)

INGREDIENSER:
- 10-12 röda chilipeppar (justera antalet för önskad värme)
- 2 vitlöksklyftor, hackade
- 1/4 kopp vinäger
- Salt att smaka

INSTRUKTIONER:
a) Ta bort stjälkarna från chilipeppar och hacka dem grovt.
b) I en mixer eller matberedare, kombinera chilipeppar, hackad vitlök, vinäger och en nypa salt.
c) Mixa tills du får en slät sås.
d) Förvara den heta pepparsåsen i en flaska eller burk och använd den för att lägga till lite eldig värme till dina fijianska rätter.

67. Fijian Tamarind Dip

INGREDIENSER:
- 1/2 kopp tamarindmassa
- 1/4 kopp vatten
- 2 msk socker
- 1/2 tsk spiskumminpulver
- 1/2 tsk rött chilipulver (justera efter dina kryddpreferenser)
- Salt att smaka

INSTRUKTIONER:
a) Blanda tamarindmassan och vattnet i en liten kastrull. Värm den på låg värme och rör om tills tamarinden mjuknar.

b) Ta bort från värmen och sila tamarindblandningen i en skål för att ta bort eventuella frön och fibrer.

c) Tillsätt socker, spiskumminpulver, röd chilipulver och salt till tamarindkoncentratet. Blanda väl.

d) Låt tamarinddippen svalna innan servering. Det är en syrlig och kryddig krydda som är perfekt att kombinera med snacks eller huvudrätter.

68. Fijian Coconut Sambal

INGREDIENSER:
- 1 dl nyriven kokos
- 1/2 kopp tärnad rödlök
- 1-2 röda chilipeppar, finhackad (anpassa efter dina kryddpreferenser)
- 2 vitlöksklyftor, hackade
- Saften av 1 lime
- Salt att smaka

INSTRUKTIONER:

a) I en skål, kombinera nyriven kokos, tärnad rödlök, hackad röd chilipeppar och finhackad vitlök.

b) Pressa limesaften över blandningen och smaka av med salt.

c) Blanda ihop allt och låt stå i några minuter så att smakerna smälter samman.

d) Servera kokosnötsambalen som en uppfriskande krydda till olika fijianska rätter.

69. Fijiansk Taro-bladsås (Rourou Vakasoso)

INGREDIENSER:
- 1 knippe taroblad, tvättade och hackade
- 1/2 lök, finhackad
- 2 vitlöksklyftor, hackade
- 1/2 dl kokosgrädde
- Salta och peppra efter smak

INSTRUKTIONER:

a) Fräs den finhackade löken och finhackad vitlök i en kastrull tills den doftar.

b) Tillsätt de hackade tarobladen och fräs i några minuter tills de vissnar.

c) Rör ner kokosgrädden, salt och peppar. Sjud tills såsen tjocknar och tarobladen är mjuka.

d) Servera tarobladsåsen som en traditionell fijiansk krydda tillsammans med ris eller rotfrukter.

70. Fijiansk inlagd mango (Toroi)

INGREDIENSER:

- 2 gröna (omogna) mango, skalade och tärnade
- 1/2 rödlök, finhackad
- 1-2 röda chilipeppar, finhackad (anpassa efter dina kryddpreferenser)
- Saften av 1 lime
- Salt att smaka

INSTRUKTIONER:

a) I en skål, kombinera den tärnade gröna mangon, finhackad rödlök och röd chilipeppar.
b) Pressa limesaften över blandningen och smaka av med salt.
c) Blanda ihop allt och låt det marinera i minst 30 minuter.
d) Servera den inlagda mangon, känd som Toroi, som en pigg och syrlig krydda.

71. Fijiansk Chili Mango Chutney

INGREDIENSER:
- 2 mogna mango, skalade, urkärnade och tärnade
- 1/2 kopp socker
- 1/4 kopp vinäger
- 2-3 röda chilipeppar, finhackad (anpassa efter dina kryddpreferenser)
- 1/2 tsk ingefära, riven
- 1/2 tsk mald kryddnejlika
- Salt att smaka

INSTRUKTIONER:
a) I en kastrull, kombinera mango, socker, vinäger, röd chilipeppar, ingefära, mald kryddnejlika och en nypa salt.
b) Koka på låg värme, rör om då och då, tills blandningen tjocknar och mangon mjuknat.
c) Låt chutneyn svalna och förvara den sedan i en burk. Denna kryddiga mangochutney är perfekt för att lägga till en söt och kryddig kick till dina måltider.

72. Fijiansk koriander och limechutney

INGREDIENSER:
- 1 kopp färska korianderblad, stjälkarna borttagna
- Saften av 2 limefrukter
- 2 vitlöksklyftor, hackade
- 1-2 gröna chilipeppar, finhackad
- 1/2 tsk spiskumminpulver
- Salt att smaka

INSTRUKTIONER:
a) I en matberedare, kombinera koriander, limejuice, hackad vitlök, hackad grön chilipeppar, spiskumminpulver och salt.

b) Mixa tills du har en slät chutney med en ljus, syrlig smak.

c) Servera denna koriander- och limechutney som en saftig krydda till grillade eller stekta rätter.

73. Fijiansk ananassalsa

INGREDIENSER:
- 1 kopp tärnad färsk ananas
- 1/2 rödlök, finhackad
- 1 röd paprika, finhackad
- 1-2 röda chilipeppar, finhackad (anpassa efter dina kryddpreferenser)
- Saften av 1 lime
- Färska myntablad, hackade
- Salta och peppra efter smak

INSTRUKTIONER:
a) I en skål, kombinera tärnad ananas, finhackad rödlök, röd paprika, röd chilipeppar och hackade färska myntablad.
b) Pressa limesaften över blandningen och smaka av med salt och peppar.
c) Blanda ihop allt och låt stå i några minuter för att smälta smakerna.
d) Servera denna uppfriskande ananassalsa som en krydda till grillat kött eller skaldjur.

EFTERRÄTT

74. Fijiansk banankaka

INGREDIENSER:

- 2 mosade mogna bananer
- 1 1/2 dl självhöjande eller vanligt mjöl
- 1 kopp socker
- 3 ägg
- 4 msk smör, smält
- 1 tsk bakpulver
- 1/2 kopp mjölk
- 1 tsk bakpulver (använd endast om du använder vanligt mjöl)
- 1 tsk vaniljextrakt
- 1 tsk pulveriserad muskotnöt
- 1 tsk pulveriserad kanel
- 1 smord rund kakform

INSTRUKTIONER:

a) Värm ugnen till 350 grader F (175 grader C).

b) Tillsätt de mosade mogna bananerna, äggen, sockret och det smälta smöret i en stor skål. Blanda försiktigt tills det är fluffigt.

c) Tillsätt bakpulvret (om du använder vanligt mjöl), vaniljextrakt, pulveriserad muskotnöt och pulveriserad kanel. Blanda ihop allt.

d) Tillsätt gradvis mjölet och blanda det noggrant för att säkerställa att det inte finns några klumpar i blandningen.

e) När blandningen är ordentligt blandad, ställ den åt sidan och smörj din kakform med lite smält smör.

f) Häll kakblandningen i den smorda formen.

g) Grädda i 35-45 minuter eller tills en tandpetare som sticks in i mitten av kakan kommer ut ren och kakan är gyllenbrun.

h) Ta ut kakan från ugnen och låt den svalna på ett galler.
i) När den svalnat, skiva den fijianska banankakan och servera den som en utsökt efterrätt. Njut av!

75. Fijian Cassava Cake

INGREDIENSER:

- 2 kg kassava, skalad och riven
- 1 burk (400 ml) kokosmjölk
- 1 kopp strösocker
- 1/2 kopp kondenserad mjölk
- 1/2 kopp indunstad mjölk
- 1/4 kopp smör, smält
- 1 tsk vaniljextrakt
- Riven kokos (valfritt, för topping)

INSTRUKTIONER:

a) Värm ugnen till 350°F (175°C). Smörj en ugnsform eller form.
b) I en stor skål, kombinera riven kassava, kokosmjölk, strösocker, kondenserad mjölk, indunstad mjölk, smält smör och vaniljextrakt. Blanda väl tills allt är jämnt blandat.
c) Häll kassavablandningen i den smorda ugnsformen och fördela den jämnt.
d) Om så önskas, strö riven kokos ovanpå blandningen.
e) Grädda i den förvärmda ugnen i ca 45-50 minuter eller tills toppen är gyllenbrun och mitten stelnat.
f) Låt kassavakakan svalna innan den skivas och serveras.

76. fijianska Raita

INGREDIENSER:
- 1 dl vanlig yoghurt
- 1 gurka, skalad, kärnad och riven
- 1 msk hackade färska myntablad
- 1 msk hackad färsk koriander
- 1/2 tsk malen spiskummin
- 1/2 tsk mald koriander
- Salta och peppra efter smak

INSTRUKTIONER:
a) I en mixerskål, kombinera vanlig yoghurt, riven gurka, hackade färska myntablad, hackad färsk koriander, mald spiskummin, mald koriander, salt och peppar.
b) Blanda ihop allt tills det är väl blandat.
c) Täck skålen och kyl raitan i minst 30 minuter så att smakerna smälter samman.
d) Innan servering, ge den fijianska raitan en sista omrörning och smaka av med smaksättning. Justera med mer salt eller peppar om det behövs.
e) Servera den fijianska raitan som en uppfriskande tillbehör eller tillbehör till curryrätter eller grillat kött.

77. Fijianska groblad kokta i kokos

INGREDIENSER:

- 4 mogna plantains, skalade och skivade
- 1 dl kokosmjölk
- 2 matskedar strösocker (valfritt, anpassa efter smak)
- Nypa salt
- 1 matsked vegetabilisk olja
- Strimlad kokos (valfritt, för garnering)

INSTRUKTIONER:

a) Värm vegetabilisk olja på medelhög värme i en stor stekpanna.

b) Lägg de skivade kobananerna i stekpannan och stek dem i några minuter på varje sida tills de är lätt brynta och karamelliserade.

c) Häll i kokosmjölken och tillsätt strösockret (om du använder det) och en nypa salt.

d) Låt grobladen puttra i kokosmjölken i ca 5-10 minuter eller tills de blivit mjuka och mjuka.

e) Valfritt: Garnera med strimlad kokos för extra textur och kokossmak.

f) Servera de fijianska grobladen kokta i kokos som en utsökt tillbehör eller efterrätt.

78. Fijiansk ananaspaj

INGREDIENSER:
- 1 pajskal (förgjord eller hemgjord)
- 1 kopp färsk ananas, hackad
- 1/2 kopp socker
- 2 msk universalmjöl
- 2 ägg, vispade
- 1/4 kopp smör, smält
- 1/2 tsk vaniljextrakt

INSTRUKTIONER:
a) Värm ugnen till 350°F (180°C).
b) Lägg pajskalet i en pajform.
c) I en skål, kombinera hackad ananas, socker, mjöl, uppvispade ägg, smält smör och vaniljextrakt.
d) Blanda väl och häll blandningen i pajskalet.
e) Grädda i ca 30-40 minuter, eller tills pajen stelnat och toppen är gyllene.
f) Låt den svalna innan du serverar denna härliga fijianska ananaspaj.

79. Fiji-stil vaniljsåspaj med pålägg

INGREDIENSER:
- 125 g mjukat smör
- 1 ½ koppar självhöjande mjöl
- 2 ägg
- ½ tesked vanilj
- 1 kopp socker
- Vaniljsåspulver
- 2 koppar mjölk
- Gul matfärgning (valfritt)

TOPPINGS (VALFRITT)
- Kondenserad mjölk / vispad grädde
- Krossade jordnötter
- Skivad frukt

INSTRUKTIONER:
a) Grädde ½ kopp socker och smör, tillsätt ägg och vanilj och blanda
b) Tillsätt sedan mjöl och knåda försiktigt till en deg
c) Smörj en liten ugnsform, aluminiumplåt eller ramekins med smör och bred ut degen på plåten. Bred ut degen upp till sidorna och fördela jämnt
d) Gör små hål med en gaffel på bakverket och grädda tills de är gyllene och genomstekta i 180-200 grader i ugnen (bör ta ungefär 20-25 minuter)
e) Medan bakelsen bakas, förbered vaniljsåsfyllningen genom att följa instruktionerna på förpackningen för att göra minst 2 koppar vaniljsås med mjölken och resterande socker – tillsätt gul matfärg om så önskas och låt svalna
f) När degen är klar, svalna och häll sedan vaniljsåsen ovanpå

g) Toppa med vispgrädde, kondenserad mjölk, jordnötter eller skivad frukt (persikor eller mango passar bra till)
h) Ställ i kyl över natten och servera kyld.

80. Fijiansk Banan Tapioca Pudding

INGREDIENSER:

- 1/2 kopp liten pärlatapioka
- 3 dl kokosmjölk
- 1/2 kopp socker
- 4 mogna bananer, mosade
- 1/2 tsk vaniljextrakt
- En nypa salt

INSTRUKTIONER:

a) Blötlägg tapiokan i vatten i cirka 30 minuter, låt sedan rinna av.

b) Blanda den avrunna tapiokan, kokosmjölken, sockret och en nypa salt i en kastrull.

c) Koka på låg värme, rör om ofta, tills blandningen tjocknar.

d) Ta av från värmen och rör ner de mosade bananerna och vaniljextraktet.

e) Låt puddingen svalna innan servering. Den kan avnjutas varm eller kyld.

81. Fijiansk ananas och kokos trifle

INGREDIENSER:

- 1 stor sockerkaka eller pundkaka, i tärningar
- 1 kopp färsk ananas, tärnad
- 1 dl kokosgrädde
- 1 kopp tung grädde, vispad
- 1/2 kopp socker
- 1/2 kopp rostade kokosflingor
- Färska myntablad till garnering

INSTRUKTIONER:

a) Lägg den i tärningar, tärnade ananasen och de rostade kokosflingorna på lager i en småfat eller en serveringsskål i glas.
b) Ringla kokosgrädden över lagren.
c) Upprepa lagren tills skålen är fylld.
d) Toppa med vispad grädde och socker.
e) Garnera med färska myntablad.
f) Kyl bagatellen i minst en timme innan servering.

82. Fijiansk kokosnötstårta (Tavola)

INGREDIENSER:
- 1 färdiggjord pajskal
- 2 dl nyriven kokos
- 1 kopp socker
- 1/4 kopp smör, smält
- 2 ägg, vispade
- 1/2 tsk vaniljextrakt

INSTRUKTIONER:

a) Värm ugnen till 350°F (180°C).

b) Lägg pajskalet i en pajform.

c) Kombinera riven kokos, socker, smält smör, uppvispade ägg och vaniljextrakt i en mixerskål.

d) Blanda väl och häll blandningen i pajskalet.

e) Grädda i ca 30-40 minuter, eller tills tårtan stelnat och toppen är gyllene.

f) Låt den svalna innan du skivar och serverar denna fijianska kokosnötstårta.

83. Fijiansk banan- och kokospudding

INGREDIENSER:
- 4 mogna bananer, mosade
- 1/2 dl riven kokos
- 1/2 kopp socker
- 1/2 kopp universalmjöl
- 1/2 tsk bakpulver
- 1/4 kopp smör, smält
- 1/2 kopp mjölk

INSTRUKTIONER:
a) Värm ugnen till 350°F (180°C).
b) Kombinera mosade bananer, riven kokos, socker, mjöl och bakpulver i en bunke.
c) Rör ner det smälta smöret och mjölken till en slät smet.
d) Häll smeten i en smord ugnsform och grädda i ca 30-40 minuter, eller tills toppen är gyllene och en tandpetare kommer ut ren.
e) Låt den svalna innan du serverar denna tröstande fijianska banan- och kokospudding.

84. Fijian Taro och Coconut Balls (Kokoda Maravu)

INGREDIENSER:

- 2 dl taro, kokt och mosad
- 1 dl riven kokos
- 1/2 kopp socker
- 1/4 kopp mjöl
- 1/2 tsk vaniljextrakt

INSTRUKTIONER:

a) Kombinera mosad taro, riven kokos, socker, mjöl och vaniljextrakt i en blandningsskål.
b) Blanda väl till en deg.
c) Forma blandningen till små bollar och lägg dem på en bricka.
d) Kyl taro- och kokosbollarna i kylen i cirka en timme innan servering.

85. Fijiansk ananas och bananbröd

INGREDIENSER:

- 1 1/2 koppar universalmjöl
- 1 tsk bakpulver
- 1/2 tsk bakpulver
- 1/2 kopp socker
- 2 mogna bananer, mosade
- 1/2 kopp krossad ananas, avrunnen
- 1/4 kopp vegetabilisk olja
- 2 ägg
- 1/2 tsk vaniljextrakt

INSTRUKTIONER:

a) Värm ugnen till 350°F (180°C) och smörj en brödform.

b) I en skål, kombinera mjöl, bakpulver, bakpulver och socker.

c) Blanda de mosade bananerna, krossad ananas, vegetabilisk olja, ägg och vaniljextrakt i en annan skål.

d) Blanda de våta och torra ingredienserna och häll smeten i den smorda brödformen.

e) Grädda i ca 45-50 minuter, eller tills en tandpetare kommer ut ren.

f) Låt ananas- och bananbrödet svalna innan det skivas och serveras.

DRYCK

86. Fijian Kava Root Drink

INGREDIENSER:
- Kavarotpulver eller krossad kavarot
- Vatten

INSTRUKTIONER:
a) I en stor skål eller "tanoa" (traditionell kava skål), placera önskad mängd kava rotpulver eller krossad kava rot.
b) Tillsätt vatten i skålen och knåda eller rör om kavaroten ordentligt.
c) Fortsätt att knåda eller rör om blandningen tills vätskan blir lerig och kava-extrakten blandas i vattnet.
d) Häll kava-drycken genom en sil eller trasa för att ta bort eventuella fasta partiklar, lämna bara den kava-infunderade vätskan.
e) Servera den fijianska Kava Root Drinken i små gemensamma koppar som kallas "bilo" eller "taki" att dela med vänner och gäster.
f) Obs: Kava rotdryck är en traditionell fijiansk dryck som har konsumerats i århundraden i sociala och kulturella sammankomster. Det är viktigt att dricka kava på ett ansvarsfullt sätt och vara medveten om eventuella interaktioner med mediciner eller hälsotillstånd.

87. Fijiansk banansmoothie

INGREDIENSER:
- 2 mogna bananer
- 1/2 kopp yoghurt
- 1/2 kopp kokosmjölk
- 2 msk honung (anpassa efter smak)
- Isbitar (valfritt)

INSTRUKTIONER:
a) Kombinera mogna bananer, yoghurt, kokosmjölk och honung i en mixer.
b) Tillsätt isbitar om du vill ha en kallare smoothie.
c) Mixa tills det är slätt och krämigt.
d) Häll upp i glas och njut av din fijianska banansmoothie.

88. Fijian Pineapple Punch

INGREDIENSER:

- 2 koppar färsk ananasjuice
- 1/2 kopp apelsinjuice
- 1/4 kopp limejuice
- 1/4 kopp socker
- 2 koppar kolsyrat vatten
- Ananas och limeskivor till garnering

INSTRUKTIONER:

a) Blanda färsk ananasjuice, apelsinjuice, limejuice och socker i en kanna. Rör om tills sockret löst sig.

b) Tillsätt kolsyrat vatten och rör försiktigt.

c) Servera den fijianska ananaspunschen i glas fyllda med is och garnera med ananas- och limeskivor.

89. Fijiansk kokos- och romcocktail

INGREDIENSER:

- 2 oz vit rom
- 1 oz kokosgrädde
- 3 oz ananasjuice
- Krossad is
- Ananasskiva och maraschinokörsbär till garnering

INSTRUKTIONER:

a) I en shaker, kombinera vit rom, kokosgrädde och ananasjuice.
b) Skaka väl med is tills den är kall.
c) Sila cocktailen i ett glas fyllt med krossad is.
d) Garnera med en ananasskiva och ett maraschinokörsbär.

90. Fijian Ginger Beer

INGREDIENSER:
- 1 dl färsk ingefära, skalad och skivad
- 2 koppar socker
- 2 koppar vatten
- Saften av 2 citroner
- Kolsyrat vatten

INSTRUKTIONER:
a) Blanda färsk ingefära, socker och vatten i en kastrull. Koka upp och låt sjuda i ca 15-20 minuter.
b) Låt ingefärablandningen svalna och sila den för att ta bort ingefärabitarna.
c) Blanda i citronsaften.
d) För att servera, fyll ett glas med is, tillsätt en del av ingefärssirapen och fyll på med kolsyrat vatten. Anpassa styrkan efter eget tycke.

91. Fijian Papaya Lassi

INGREDIENSER:
- 1 mogen papaya, skalad, kärnad och tärnad
- 1 kopp yoghurt
- 1/2 kopp kokosmjölk
- 2-3 msk honung (anpassa efter smak)
- Isbitar (valfritt)

INSTRUKTIONER:
a) I en mixer, kombinera mogen papaya, yoghurt, kokosmjölk och honung.

b) Lägg till isbitar om du vill ha en kallare drink.

c) Mixa tills det är slätt och krämigt.

d) Häll upp i glas och njut av din uppfriskande fijianska papaya lassi.

92. Fijian Rom Punch

INGREDIENSER:
- 2 oz mörk rom
- 2 oz ananasjuice
- 2 oz apelsinjuice
- 1 oz limejuice
- 1 oz grenadinesirap
- Ananas och apelsinskivor till garnering

INSTRUKTIONER:

a) I en shaker, kombinera mörk rom, ananasjuice, apelsinjuice, limejuice och grenadinesirap.

b) Skaka väl med is tills den är kall.

c) Sila av punschen i ett glas fyllt med is.

d) Garnera med ananas och apelsinskivor för en tropisk touch.

93. Fijiansk ananas och kokossmoothie

INGREDIENSER:
- 1 kopp färska ananasbitar
- 1/2 kopp kokosmjölk
- 1/2 kopp yoghurt
- 2-3 msk honung (anpassa efter smak)
- Isbitar (valfritt)

INSTRUKTIONER:

a) I en mixer, kombinera färska ananasbitar, kokosmjölk, yoghurt och honung.

b) Tillsätt isbitar om du vill ha en kallare smoothie.

c) Mixa tills det är slätt och krämigt.

d) Häll upp i glas och njut av din tropiska fijianska ananas och kokossmoothie.

94. Fijiansk Mango Lassi

INGREDIENSER:
- 1 mogen mango, skalad, urkärnad och tärnad
- 1 kopp yoghurt
- 1/2 kopp mjölk
- 2-3 msk honung (anpassa efter smak)
- Isbitar (valfritt)

INSTRUKTIONER:
a) I en mixer, kombinera den mogen mango, yoghurt, mjölk och honung.

b) Lägg till isbitar om du vill ha en kallare drink.

c) Mixa tills det är slätt och krämigt.

d) Häll upp i glas och njut av denna förtjusande fijianska mango lassi.

95. Fijiansk kokosmojito

INGREDIENSER:

- 2 oz vit rom
- 2 oz kokosgrädde
- Saften av 1 lime
- 6-8 färska myntablad
- 1 tsk socker
- Club soda

INSTRUKTIONER:

a) Blanda de färska myntabladen och sockret i ett glas för att frigöra myntans smaker.
b) Tillsätt vit rom, kokosgrädde och limejuice.
c) Fyll glaset med is och toppa det med club soda.
d) Rör om försiktigt och garnera med en myntakvist och en limeskiva.

96. Fijiansk ingefära och citrongräste

INGREDIENSER:

- 2-3 skivor färsk ingefära
- 2-3 stjälkar citrongräs, skurna i bitar
- 2 koppar vatten
- Honung eller socker efter smak

INSTRUKTIONER:

a) Koka upp vatten i en kastrull och tillsätt ingefära och citrongräs.

b) Sjud i cirka 10-15 minuter för att få till smakerna.

c) Ta av från värmen och söta med honung eller socker efter smak.

d) Sila av teet och servera det varmt. Detta är ett lugnande och aromatiskt fijianskt örtte.

97. Fijian Tamarind Cooler

INGREDIENSER:
- 1 kopp tamarindmassa
- 4 koppar vatten
- 1/4 kopp socker (justera efter smak)
- Isbitar

INSTRUKTIONER:
a) Blanda tamarindmassa, vatten och socker i en kanna. Rör om tills sockret är upplöst.
b) Lägg till isbitar för att kyla drinken.
c) Servera den fijianska tamarindkylaren för en söt och syrlig förfriskning.

98. Fijiansk Kava Colada

INGREDIENSER:
- 2 oz kavarotextrakt (beredd enligt traditionell fijiansk metod)
- 2 oz kokosgrädde
- 2 oz ananasjuice
- 1 oz vit rom
- Krossad is
- Ananasklyfta och maraschino körsbär till garnering

INSTRUKTIONER:
a) Förbered kavarotextrakt enligt den traditionella fijianska metoden.
b) Kombinera kavarotextraktet, kokosnötsgrädden, ananasjuice och vit rom i en shaker.
c) Skaka väl med is tills den är kall.
d) Sila cocktailen i ett glas fyllt med krossad is.
e) Garnera med en ananasklyfta och ett maraschinokörsbär.

99. Fijian Watermelon and Mint Cooler

INGREDIENSER:
- 4 koppar vattenmelon i tärningar
- Saften av 2 limefrukter
- 1/4 kopp färska myntablad
- 2-3 msk honung (anpassa efter smak)
- Isbitar

INSTRUKTIONER:

a) I en mixer, kombinera tärnad vattenmelon, limejuice, färska myntablad och honung.

b) Lägg till isbitar för att kyla drinken.

c) Mixa tills det är slätt och uppfriskande.

d) Servera den fijianska vattenmelon- och mintkylaren för en vitaliserande upplevelse.

100. Fijian Passion Cocktail

INGREDIENSER:
- 6 uns passionsfruktjuice
- 2 uns ananasjuice
- 6 uns mörk rom (fijiansk rom föredras)
- 6 uns trippelsek
- krossad is
- färsk frukt (att garnera)

INSTRUKTIONER:
a) Kombinera juice, rom och Triple Sec.
b) Fyll mixern med krossad is.
c) Mixa tills det är slaskigt.
d) Servera i margaritaglas, garnerade med frukt.

SLUTSATS

När vi avslutar vår kulinariska resa genom "RECEPTBOK MED TROPISKA FIJISMAKER", hoppas vi att du inte bara har utforskat den unika fusionen av smaker som definierar fijiansk matlagning utan också har blivit inspirerad att ta med en smak av Fiji i ditt eget kök.

Det fijianska köket, med sin betoning på färska, lokala råvaror och kulturell mångfald, erbjuder ett härligt utbud av rätter som kan avnjutas och delas med vänner och familj. Värmen från fijiansk gästfrihet och det tropiska paradiset som fungerar som bakgrunden till dessa smaker kan nu bli en del av din kulinariska repertoar.

Vi uppmuntrar dig att fortsätta din utforskning av fijiansk matlagning, anpassa och skapa rätter som speglar dina egna smaker och upplevelser. Oavsett om du återskapar traditionella fijianska festmåltider eller satsar på fijiansk-inspirerade rätter, må din kulinariska resa fyllas med glädje, smak och en liten touch av paradis. Vinaka vakalevu (tack så mycket), och här kommer många fler läckra måltider inspirerade av den unika fusionen av fijianska smaker.

www.ingramcontent.com/pod-product-compliance
Lightning Source LLC
Chambersburg PA
CBHW071310110526
44591CB00010B/854